U0509087

閩臺歷代方志集成・福建省志輯・第46册

福建省地方志編纂委員會　整理

〔乾隆〕福建續志（二）

（清）楊廷璋、定長　等修；
（清）沈廷芳、吴嗣富纂；（清）王傑補修
乾隆三十三年（一七六八年）刻本

SSAP
社會科學文獻出版社

福建續志卷十一

田賦一 關稅 鹺政附

自古聖王使國用饒而民足衣食者必權田賦之輕重昔神禹九州貨矣於是制土田各因所生賦入貢棐懋遷有無萬邦作乂殷宅九有賦入以助成周徹田爲糧而以土均別物以貢賦歛財賄當是時府有餘財民有餘利秦壞井田田租口賦二十倍於古漢輕繇稅然又令人出口算山林池澤鹽鐵之利往往而興魏晉之代稅入逾重惟拓跋氏均田賦民賴蘇息及唐爲

租庸調法迨久亦寖弊乃更用兩稅宋元因之而正賦外諸科斂大抵煩重民力不盡寬也前明之賦有丁有地有折貢有糧府海之政轉運治之關市之征內臣領之及我聖朝前代無名之歛一切除罷又歸丁於地諸賦所入酌贏劑虛偶歲儉蠲貸輒以億萬計是故富民有奉上之誠貧室無追呼之擾三代以降所未有也七閩東南僻壤地阨以磽雖濱大海而財賦不及江以南魚鹽之利不及山左故賦入恒觭今廣前志所紀續而登之使民知相安於

畎畝衣食以享樂利之庥者幸生輕徭薄賦之

時也續田賦志

田賦總數

通省原額官民田園池地塘湖洲山溪港潭蕩河碓坂圳江埕樹林等一十三萬六千五百四十頃一十五畝二分四釐五毫七絲銀米詳前志除水冲沙壓改作基地豁免外加以新舊墾復丈溢詳下各府內共實在官民田地一十二萬八千三百六頃四十六畝四分四毫一絲六忽三微九纖外加泉州府蕩一百九十四所水門一百三十七間

官壕三所共實徵銀九十三萬八千壹百七十七兩四錢八分三釐九毫九絲一忽八微七纖本色米一十萬一千六百九十七石七斗六升四撮七圭臺灣府田園四萬九千一十七甲七分三釐五毫六絲一忽八微二纖又田園四百四十五頃五十三畝二分九釐九毫八絲八忽二微共徵粟一十九萬六千一百七十九石一斗六升四合一勺四抄九撮四圭

附徵通省實在寺租魚課渡稅等雜項銀五萬七千八百一十兩二錢七分八釐二毫二絲四忽案前志缺

稅下有閩竹崇浦杉五關稅額一條今舊稅冊所載與前志無異故不重緣①

通省實在屯田地七千八百五十四頃六十一畝七分六釐二毫九絲四忽四微徵銀三萬八千九百三十一兩二錢四分四釐二毫五絲二微九纖本色米二萬五千三百五石一斗四升三合六勺三抄四撮三圭

附徵漳州府民田園二十七頃七十二畝九分九釐零及南澳紫嶼地一頃五十畝前志同

福州府田賦原額多仍前志至歸荒墾復丈隘②實在田畝銀米數則以今之賦役全書爲定

原額官民田園池地塘湖江山蕩坂等二萬五千七百八十頃六畝七分一釐六毫八絲八忽二微徵銀一十七萬五百九十七兩七錢一分八毫四絲三忽本色米一萬六千四百一石一斗五升一勺三抄五撮同前志

舊豁荒田園池地一萬一百三十七頃四釐五絲六微豁免銀七萬二千四百二十三兩四錢一分三釐一毫四絲六忽米六千三百七石六斗四升二合一勺六撮三圭乾隆三年以前豁比前志豁荒田多六十九頃三十畝三分零

新豁荒田一百一十頃九十畝六分四釐四勺豁免

銀九百二十兩四錢六分八釐一毫二絲米一百四十七石二斗一升二合八勺五抄二粟乾隆七年至十五年豁

舊墾復田六千五百六十頃四十六畝六分二釐六毫二絲八忽五微徵銀四萬六千二百六十三兩四錢一分五釐四毫八絲米四千三百六十六石七升四合三勺八抄一撮雍正十一年以前墾復此前志墾復田多凡十四頃一十二畝三分零

新墾復田四百七十六頃六十五畝一分九釐六毫七絲四忽四微徵銀三千六百三十九兩四錢一

釐一毫九絲三忽米一百一十石三斗二升八勺五抄九撮雍正十二年至乾隆十九年墾復

舊丈溢田七百四十四頃八十八畝六分七釐四毫九忽徵銀四千二百三十九兩四錢一分四釐八毫二絲五忽米二百八十三石一斗八升三合七勺八撮康熙雍正年丈溢比前志丈溢田多六十三頃五十九畝二分零

新丈溢田二百四十四頃五畝五分八釐一毫七忽徵銀七百二十六兩三錢二分一釐二絲二忽米六十四石三斗八升八合八勺六撮雍正七年至乾隆十九年丈溢又報溢額銀二百八十五兩六分七釐五毫

絲二忽溢額米一十八石七斗八升五合六勺

共實在官民田園池地二萬三千四百九十七頃五畝二分五釐五毫九絲四忽五微二纖徵銀一十五萬一千八百四十一兩四錢五分七釐九毫三絲九忽九微一纖本色米一萬四千七百八石四斗二升一合九勺二抄九撮七圭六粟

附徵雜項租稅原額銀一萬二百九十一兩三錢六分七釐三毫六絲前志同

舊豁銀六千六十九兩一錢五分二釐八毫七絲乾隆二年以前豁比前志豁免銀多十六兩二錢九分零

新豁銀三百三十一兩九錢九分二釐八毫一絲六忽乾隆七年至十五年豁

墾復陞科銀四千九百六十兩二錢二分一釐八毫七絲二微九纖九沙雍正九年以前墾復比前多墾復銀五百五十三兩零

舊溢額銀五十六兩六絲三忽康熙雍正年溢比前志溢額銀多三十兩八錢九分零

新溢額銀二十八兩六錢八毫八絲四忽乾隆八年至十四年溢

共實在雜項租稅銀八千九百三十四兩八錢九分四釐三毫三絲七微五纖

原額屯田四千九百三十二頃三十九畝四分九釐二毫五忽三纖三沙徵銀二萬八千一百六十六兩三錢五分八釐二毫一絲米三千四百石二斗四升七合一勺八抄二撮比前志原額田多一百頃一畝零

豁荒田一千七百九十一頃九十八畝八分一釐四毫二絲九忽豁免銀一萬一千三百二十四兩三錢四分三釐八毫六絲米一千一百九十九石二斗二升五合七勺五抄五撮新舊豁荒比前志豁荒田多五十八頃十三畝六分零

墾復田九百二十七頃六十九畝二分五毫五絲六

忽二微六纖徵銀六千二百五十兩五錢五分六釐八毫二絲八微米四百四十七石一斗七升四合八勺六抄新舊墾復比前志墾復田多一百六十一頃六十九畝五分

丈溢田六頃四十八畝四釐七毫六絲四忽徵銀三十九兩六錢三分六釐八毫九絲五微康熙年溢比前志溢額田多三分又報溢額銀四兩七錢一分三釐二毫六絲二忽

共實在屯田地四千七十四頃五十七畝九分三釐九絲六忽一微九纖徵銀二萬三千一百三十六兩九錢二分一釐三毫二絲四忽五微五纖本色

米二千六百四十八石一斗九升六合二勺九抄三撮九圭一粟

興化府

原額官民田地塘山一萬三千七百九十八頃二十二畝八分一釐六毫九絲七忽徵銀六萬八千二百四十三兩八錢五分九釐二毫三絲四忽本色米一萬一千三百九石三斗四升同前志

舊豁荒田五千六十二頃五十四畝八分八釐四毫五絲

豁免銀二萬三千八百二十五兩二錢二分七釐七

毫八微本色米四千二百九石八斗二升一合三勺四抄六撮乾隆二年以前豁比前志豁免田多九十九頃十五畝九分零

新豁荒田三十七頃九十九畝八分一釐四毫二絲豁免銀二百三兩一錢六分八釐五毫七絲五忽米三十三石八斗一合三勺六撮乾隆九年豁

舊墾復田四千七百九頃三十五畝七分六釐三毫九絲微銀二萬一千八百六十三兩三錢三分六釐四毫六絲二忽米三千八百七十四石九斗五升五合七勺三抄二撮六圭雍正十年以前墾復比前志墾復田多一百八十頃三十三畝

行墾復田九頃五十八畝六分三釐八毫二絲徵銀四十五兩三錢八釐三毫一絲米九石七斗二升六合九勺二抄七圭乾隆五年起科

丈溢田一百四十頃八十八畝二分三釐八毫八絲徵銀六百五十六兩七錢六分一釐五忽八纖米一百三十八石一斗四升三合九勺七抄九撮又溢額徵銀五百八十七兩七錢八分七毫八絲三忽溢額米一十四石六斗九升七合四勺一抄七撮三圭新舊丈溢比前志丈溢田多一百九頃四十二畝零

共實在官民田塘山蕩一萬三千五百五十七頃五

十畝七分五釐六絲一忽共徵銀六萬七千三百六十九兩六錢五分一釐二絲五忽米一萬一千一百三石二斗四升三勺九抄六撮四圭

雜項租稅原額豁免墾復實在銀數前志同前志實徵銀三千三百九十兩三分九釐一毫五絲二忽

原額屯田地七百三十八頃八十九畝七分九釐八毫四絲八忽三微徵銀三千六百一十二兩一錢七分六釐七毫七絲八忽米二千四百八十三石四斗九升七合比前志原額屯田多五十六頃七十畝九分零

豁荒田一百三頃七十六畝三分五釐七毫二絲纖

①[illegible]十六頃四十四畝五釐九毫三絲丈溢田四頃四十畝六釐二毫前志同前志共豁免銀五百八十兩七錢一分②七絲米五百十八石四斗四升四合一勺墾復丈溢銀五百五十二兩八分一釐七毫米五百二十二石三斗二升六合八勺九抄

共實在屯田地七百三十五頃九十七畝五分六釐三毫五忽二微一纖徵銀三千五百八十三兩五錢四分八釐四毫八絲八忽五微米二千四百八十七石三斗七升九合六勺二抄七撮

泉州府

原額官民田地山蕩池塘坂林等一萬四千四百一

校注：①復田八　②溢

十頃九十一畝六分四釐八毫八忽外蕩一百九所半水門三百三十一間官壕埕三所徵銀一十一萬四百九十五兩五錢七分五釐三毫四絲一忽本色米六千三百六十八石四斗六升七合四勺六抄前志同

舊豁荒田六千四百八十五頃六畝三釐五毫九絲六忽豁免銀四萬九千六百八十九兩二錢三分五釐四毫二忽米四千六十二石五斗二升六合四勺七抄七撮乾隆二年以前豁比前志豁免田多三十頃九十四畝零

新豁荒田三十五頃一十五畝七分六釐三毫四絲

及水門三十七閒二毫三絲民蕩一十二所一分五釐一毫九絲民水門二十間共豁免銀三百三兩五錢五分二釐七絲八忽米六石六斗一升三合四勺七抄五撮乾隆七年至十七年豁

舊墾復田五千七百三頃三十五畝二分一毫六微

徵銀四萬三千二百九十兩一錢九分五釐一絲

四忽米三千五百二十五石七斗四升一合三抄

雍正十一年以前墾復比前志多墾復田十一頃三十九畝零

新墾復田二十一頃八畝六分七釐四毫七絲七忽

徵銀一百一十一兩一錢一分一釐九毫一絲米

一十五石二斗六升九勺三抄八撮（雍正十二年至乾隆五年墾復）

舊丈溢田一百九十五頃六畝六分九釐四毫二絲徵銀一千四百五十兩三錢八分五釐三毫米八十八石九斗八升二合九勺二抄九撮（前志同）

新丈溢田二十六頃六十二畝一分一釐一毫一忽九徵徵銀八十八兩四分九釐三毫六絲三忽米三石八斗五升一合一勺九抄五撮（雍正十三年至乾隆十九年丈溢）溢額銀四十兩二錢九分九釐溢額米三石五斗二升七合

實在官民田地山溪塘蕩坂一萬三千八百三十六頃八十二畝五分二釐九毫六絲六忽一微九纖蕩一百九十四所四分七釐三毫一絲水門一百三十七間九釐七毫六絲官壕三所徵銀一十萬五千四百八十二兩八錢二分八釐九毫三絲一忽本色米五千九百三十六石六斗九升一合一勺七抄三撮九圭

附徵雜項租稅原額銀七千一百三十二兩四錢五分九釐七毫九絲一忽

舊豁銀四千四百八兩七錢九分一釐八毫前志

新豁銀三百六十五兩六分一釐八毫八絲七忽（乾隆七年至十七年豁）

墾復陞科銀二千二百七十三兩九分三釐一毫一絲七忽（雍正十年以前墾復比前志墾復銀多一兩一錢六分零）

溢額銀二十一兩三錢二分九釐八毫有奇前志同

共實在雜項租稅銀四千六百五十四兩九錢七分三釐八毫六絲三忽六微七纖

原額屯田地五百九十八頃一十七畝九分二釐九毫八絲九忽五微徵銀一千六百二十二兩九錢二分三釐四毫六絲七忽米五千八百三石七斗

六升九合七勺一抄八撮比前志原額屯田少一頃四十八畝八分零
舊豁荒田一百五十四頃五十五畝五分五毫四絲三忽五微豁免銀四百七十四兩一錢三分八釐八毫五絲米一千一百四十四石九斗六升八合七勺五抄三撮康熙年豁比前志豁荒田多二十九畝二分零
新豁荒田七十畝七分八釐七絲八忽豁免銀五錢五分一釐五毫九絲三忽米一十二石一升九合六勺五抄九撮乾隆九年至十七年豁
墾復田一百三十頃一十二畝七分七釐四毫四絲徵銀四百二十三兩八錢八分八毫九絲三忽米

八百七十二石四斗四升一勺四抄五撮新舊墾復比前志墾復多十四頃三十四畝零

丈溢田三十二畝九分四釐徵銀四錢九分一釐七毫二纖米四石五斗四升二勺八抄三撮四圭溢額銀一百二十六兩二錢一分五釐溢額米一石八升九合一勺前志同

實在屯田地五百七十三頃三十七畝四分三釐九忽六微五纖徵銀一千六百九十八兩八錢二分六毫九忽四微本色米五千五百二十四石八斗五升八勺三抄五撮三圭

漳州府

原額官民田地溪山坂圳園渡埕樹等九千九百九十九頃四十九畝九分七釐四毫九絲三忽徵銀一十一萬五百一十八兩七分六釐七毫六絲一忽本色米二千五百四十七石六斗七升八合四勺二抄二撮同前志

舊豁荒田三千四十八頃八十四畝五分八釐九毫四絲五忽豁免銀三萬五千六百一十三兩一錢八分二釐九毫七絲米一千五百三十三石七斗一升二合四抄七撮乾隆二年以前豁比前志豁免田多七十一畝六分零

新豁荒田四頃四畝三分五釐七毫一絲一忽豁免銀四十八兩二錢八分九釐一毫九絲七忽乾隆九年豁

舊墾復田地二千七百七十四頃七畝二分二釐九毫八絲九忽徵銀三萬二千二百五十三兩九分二釐七毫六絲米一千五百三十三石七斗一升二合四抄七撮九圭康熙年墾復比前志墾復田多二頃八十一畝九分零

新墾復田四頃一十五畝四分二釐九毫一絲五忽徵銀二十二兩五錢一分二釐三毫四絲四忽雍正十三年至乾隆九年墾復

舊丈溢田三百九十六頃五分四釐九毫徵銀二千八百二十七兩九錢九分一釐三絲七忽米一百九十九石二斗三合六勺三抄五撮雍正十二年以前丈溢比前志丈溢田多十五頃八十九畝零

新丈溢田九十三頃二十九畝九分一釐七毫九絲徵銀三百一十九兩五錢八分九釐三毫六絲米一十四石六斗六升二合八抄九撮乾隆元年溢以後丈溢額銀一十兩六錢六分七釐一毫六絲七忽

共實在官民田地山塘溪洲園渡埕樹一萬二百一十三頃七十四畝一分六釐四毫二絲一忽二微

徵銀一十一萬二百九十兩四錢五分七釐二毫七絲二忽六沙本色米二千七百六十一石五斗四升四合一勺四抄七撮一圭

附徵雜項租稅原額銀一萬一千三百四十一兩二分九釐六毫六絲九忽豁免銀四千八十八兩二錢二分四釐八毫三絲八忽七微前志同

墾復陞科銀二千五百七十一兩五錢二釐四毫五絲五忽新舊墾復比前志墾復銀少二兩四錢二分零

共實在雜項租稅銀九千八百二十四兩二錢七釐二毫七絲七忽五沙

原額屯田地六百二十五頃四畝二分四釐一毫二絲一忽徵銀一千一百九十六兩七錢五分九釐六毫六絲六忽本色米九千七百七十一石二斗四升一合六勺七抄一撮內豁荒田二百一十二頃三十四畝八分二釐九毫豁免銀四百八十二兩六錢五分八釐九毫米三千一百四十五石二斗三升二合七勺二抄前志同

墾復田一百四十四頃十三畝九分三釐八毫八絲四忽徵銀三百四十兩三釐四毫四絲二忽米二千一百六石三斗八升六合五勺五撮七圭新舊墾復

比前志墾復田多一頃一百四十七畝五分零

丈溢田九十二畝三分九釐四毫四絲八忽徵銀六兩三錢二分一釐四毫八絲二忽米八石九升七合七勺五抄一撮七圭溢額米一百六十三石二斗七升四合六勺新舊丈溢比前志丈溢田多四十一畝一分五釐零

實在屯田五百五十七頃七十五畝七分四釐五毫五忽七微七纖徵銀一千六十兩五錢二分五釐四毫六絲七纖本色米八千九百三石七斗六升八合一勺五抄七撮九圭

附徵民田園二十七頃七十二畝九分九釐豁免與

墾復相等實在官民田仍二十七頃七十二畝九釐徵銀九十二兩八錢八釐八毫穀四百六十四石四升四合三抄又附徵南澳紫菜地嶼地一頃五十畝銀三兩前志同

延平府

原額官民田園洲地山一萬一千三百一十九頃五十八畝九分九釐八毫九絲一忽徵銀八萬五千七百二十六兩五錢四分五釐三毫四絲五忽本色米一萬六千八百四十七石四斗八升五合一勺四抄五撮前志同

舊豁荒田一千一百九十一頃九十六畝九分一釐六毫三絲四微豁免銀一萬六百四十七兩四錢二釐五毫七絲二忽二纖九沙米一千三百二十七石六斗三升五合五勺四抄五撮三圭乾隆二年以前

豁比前志豁免田多二百十六頃

新豁田二十五頃三十六畝九分三釐六毫六絲三忽豁免銀二百四十六兩一錢二分六釐四毫六絲二忽米一十六石六升八勺六抄一撮二圭乾隆七年九年豁

舊墾復田三百八十八頃九十九畝七釐二毫五絲

忽徵銀三千四百八十四兩二錢六分一釐四毫三絲三忽米四百五十四石五斗八升二合五勺五圭雍正十一年以前墾復比前志墾復田多二頃七十九畝四分

新墾復田二十五畝六分一釐四毫六絲徵銀一兩九錢二分二釐九毫九絲米六斗二升八合六勺八抄九撮雍正十二年以後墾復

舊丈溢田三頃三十二畝三分八釐一毫九絲六微徵銀二十五兩八錢六分九釐五毫七絲一忽米三石三斗五升四合八抄四圭雍正十三年以前丈溢比前志丈溢田多一頃七畝八分零

新丈溢田四頃九十四畝三分四釐九毫二絲三忽三微徵銀二十九兩五錢一分二釐三絲二忽五徵米五石三斗六升五合七勺七抄九粟雍正十三年至乾隆十九年丈溢溢額銀三百五十八兩一錢六分七釐四毫又續報溢額田四頃九十四畝三分四釐九毫二絲徵銀二十九兩五錢一分二釐三絲米五石三斗六升五合七勺七抄九粟

共實在官民田園地洲山一萬四百九十九頃七十六畝五分六釐四毫二絲三忽八微六塵徵銀七萬八千七百三十二兩七錢四分九釐七毫五絲

七忽二纖本色米一萬五千九百六十七石七斗一升九合八勺二抄八撮四圭

附徵雜項租稅原額銀六千八百七十三兩五錢八分六釐六毫同前志

舊豁免銀七十五兩三錢六分九毫四絲一忽乾隆二年以前豁比前志豁免銀多二十二兩八錢四分

新豁免銀二百八十四兩二錢五分五釐九毫四絲三忽乾隆七年至九年豁又續報溢額銀三兩九錢二分五釐七毫三絲

共實在雜項租稅銀六千五百四十九兩四分六釐

六毫二忽五微九纖八沙
原額屯田地三頃九十七畝二分六釐八絲五忽徵
銀一十六兩七錢五微二沙實在田數銀數亦如
之無遷豁墾復

建寧府

原額官民田地園池山塘等二萬五千七百二十五
頃一十畝五分五釐五毫二絲徵銀一十八萬四
千三百四十八兩九錢七分七毫九絲二忽本色
米一萬九千四百五十三石九斗二升七合九勺
八抄三撮前志同

舊豁荒田四千九百七十頃八十畝五分四釐一毫四絲九忽豁免銀三萬七千七百四十七兩四錢五分二釐三毫八忽米四千二百三石七斗二升二合四勺二抄九撮（乾隆二年以前豁比前志豁免田少六百三十三頃四十五畝四分）

新豁荒田六百三頃九十三畝七釐四毫九絲六忽豁免銀四千八百二十一兩七錢九分八釐八毫七絲九忽米五百二十一石二斗五升二勺五抄三撮一圭（乾隆七年至十六年豁）

舊墾復田二千一百八十八頃七十三畝一分二釐

二毫九絲八微徵銀一萬六千七百六十五兩三錢八釐五毫三絲八微米一千八百五十六石七斗五合八抄六撮三粟雍正十一年以前墾復比前志墾復田多二百二十一頃五十一畝八分零

新墾復田二十七頃九十三畝一分一釐一毫四絲四忽徵銀一百七十四兩八錢三分九毫九絲四忽米一十五石八斗一升一合七勺一抄八撮雍正十三年至乾隆十四年墾復

舊丈溢田七十畝八分五釐四毫一絲八忽徵銀五兩七錢四分八釐三毫七絲七忽一微米七斗一

升四抄九撮一圭雍正十年以前丈溢比前志丈溢田少二百三十頃十六畝四分零

新丈溢田二十四頃六十五畝二分三釐七毫四絲三忽徵銀九十九兩二錢二分八釐四毫六絲七忽米六石六斗二升六合三抄七撮雍正十三年至乾隆十九年丈溢

又溢額田二百三十頃一十六畝四分五絲八忽徵銀一千八百七十七兩五錢五分五毫二絲米二百三十二石六斗九升五合九勺一抄三撮又報溢額銀八百一兩九錢一分三釐七毫六絲溢額

米八十八石三斗四升七合一勺四抄四撮雍正七年丈溢

共實在官民田地園池山塘二萬二千六百二十二頃五十五畝六分六釐五毫三絲三忽四微五纖

徵銀一十六萬一千五百四兩三錢二毫五絲九忽九微六纖本色米一萬六千九百四十一石八斗九升九合五抄一撮七圭

附徵雜項租稅原額銀一萬二百一十六兩八錢九分九釐六毫八絲五忽前志同

舊額銀三十一兩一錢一釐三毫七絲七忽乾隆二年以前

豁比前志豁免銀多十九兩四錢

新豁銀一百二十三兩八錢一分八釐三毫二絲七忽一微乾隆九年豁

溢額銀一千三百二十七兩七錢六分五毫六絲八忽新舊溢額比前志溢額銀多十一兩六錢

共實在雜項銀一萬一千三百八十九兩九錢二分九毫七絲三忽七微五纖

原額屯田一百七十三頃二十九畝九分五釐七毫四絲八忽六微徵銀一千五百六兩四錢一分七釐七毫五絲八忽五微八纖比前志原額屯田少一百四十六頃十畝

三

分

豁荒田三十五頃四十畝一釐四毫五絲五忽九微

豁免銀三百三兩一錢五分一毫二絲康熙年豁

墾復田二十一頃三十七畝一分七釐六毫二絲徵

銀一百九十兩五錢三分七釐五毫五忽康熙雍正年墾

復

丈溢田一十二畝七分三釐九毫三絲六忽徵銀一

兩三錢四分七釐八毫五絲九忽

共實在屯田一百五十九頃三十九畝八分九釐八

毫五絲七纖三沙徵銀一千三百九十五兩一錢

五分二釐九毫九絲八忽八微八纖四沙

福建續志卷十一終

田賦二

邵武府

原額官民田池塘一萬六十四頃六十七畝六分八釐一毫七絲徵糧銀六萬六千九百四十二兩五錢九分六釐九毫四絲七忽七微本色米一萬三千八百八石六升六合二勺四抄九撮二圭前志同

舊豁荒田一千七百四十一頃九十畝六分一釐四毫四忽豁免銀一萬一千三兩四分四釐三毫六絲二忽米三千八百四十一石四斗八升五合八

抄七撮康熙雍正年豁比前志豁荒田多六頃四十七畝六分零

新豁田六十一頃一十六畝三分九釐八毫二絲三忽豁免銀四百二十六兩八錢八分三釐一毫二絲米一百五五石二斗五升六合六勺三撮乾隆七年以後豁

墾復田一千二十三頃七畝八分四釐八毫徵銀六千三百八十六兩七錢二分九毫米二千三百六十六石五斗八升七合三勺七撮新舊墾復比前志墾復田多二十頃六分零

舊丈溢田二頃八十七畝四分八釐八毫四絲徵銀

一十六兩二錢八分四釐一毫米五石八斗二升五合一抄乾隆二年以前丈溢比前志丈溢田多二頃二十六畝二分零

新丈溢田七十三頃三十四畝四分一釐徵銀三百九十九兩五錢一分二釐五毫五絲米八十三石二斗一升九合五勺乾隆三年至九年丈溢

共實在官民田池塘地等九千三百六十頃九十畝四分一釐六毫五絲一忽一微徵銀六萬二千二百一十五兩一錢八分七釐六毫三絲本色米一萬二千三百十六石一斗四升六勺三抄四撮

附徵雜項租稅原額銀四千四百八十九兩三錢五

釐五絲一忽九微前志同

新舊豁免銀八百九十七兩七錢六分七釐新舊豁免比前志多六百八十五兩

墾復陞科銀一百六十四兩四錢五分七釐六毫七

絲

共實在雜項租稅銀三千七百五十五兩九錢九分五釐二毫七絲三忽

原額屯田一千百八十九頃四十五畝八分一三釐一毫

徵銀二千二十三兩二錢六分七釐九毫八忽米

四十二石一斗六升前志同

豁荒田一十四頃九十六畝五釐八毫豁免銀一百六十三兩四錢三分九釐六毫（新舊豁免比前志多一頃一畝五分零）

舊墾復田七頃八十三畝三分五釐五毫徵銀八十五兩六錢一分四釐三毫一絲（雍正十一年以前墾復比前志多一頃七十六畝九分）

新墾復田一頃三十四畝六分八釐四毫二絲徵銀一十四兩七錢二分一毫一絲六忽七纖（乾隆九年墾復）

丈溢田三畝徵銀七分四釐五毫八絲五忽七微

共實在屯田一百八十三頃九十畝九分一釐五毫

八絲三忽五微二纖銀一千九百六十兩九錢二分二毫二絲八忽米四十二石一斗六升

汀州府

原額官民田地山塘等一萬三千一百九十九頃一十一畝五分三釐六毫一絲六微徵銀一十萬四千四百一十兩五錢九毫七絲九忽本色米一萬四千七百八十九石六斗二合九勺三抄前志同

舊豁荒田七頃三十九畝一分二釐一毫一絲六忽一微豁免銀六十二兩五錢九分六釐九毫三絲九忽米一石六斗六升六合五勺三抄前志未載豁免

新豁荒田八十八頃二十一畝三分三釐三毫一絲七忽豁免銀六百九十三兩八錢九分七釐八絲米一百四十九石一升一合三勺三抄乾隆九年至十六年豁免

舊丈溢田四頃三十二畝四分七釐四毫八絲一忽徵銀二十四兩五錢三釐四毫八絲七忽米二石一斗五合七勺八抄乾隆元年以前丈溢比前志丈溢多一頃二十七畝四分零

新丈溢田二十一頃四十三畝六分九釐九毫五絲三忽徵銀七十五兩一錢九分七釐九毫七絲七

忽五微米五石三斗五升六合一勺六抄四撮溢額銀一百二兩九錢八分二釐三毫七絲六忽

共實在官民田地山塘等一萬三千一百二十九頃二十畝二分五釐六毫一絲一忽徵銀一十萬三千八百五十六兩六錢九分七毫七絲八忽九微

附徵雜項租稅原額銀五千六百九十二兩九錢三分七釐三絲九忽四微同前志　內除上杭縣河稅改歸商稅銀三千二十二兩三錢六分一釐五毫二絲

豁免銀三十兩九錢二分八絲四忽乾隆二年至九年豁免

溢額銀二十五兩八錢九分四釐四毫六絲九忽

共實在徵雜稅銀二千六百六十四兩五錢四分九

釐九毫四忽六微六纖

原額屯田八十二頃七畝四分九釐一毫五絲徵銀

六百五十七兩二錢八分七釐五毫三絲米一百

六十二石內除改歸江西田六十五頃五十一畝

五分一釐四毫銀五百六兩七錢九分二釐一毫

一忽米一百六十二石

豁荒田三頃九十一畝五分六釐六絲銀二十五兩

六錢七分八釐五毫

共實在屯田一十三頃六十四畝三分一釐八毫八絲徵銀一百二十四兩八錢一分六釐九毫三絲

福寧府

原額官民田地園池塘山確溪港河五千一百九十一頃九十一畝五毫七絲七忽加桑柘八十四株徵銀四萬四千五百二十八兩三錢三分八毫三絲八忽本色米七千九百九石七升三合一勺二抄比前志原額田少三百九十四頃二十三畝一分零

舊豁荒田三千六百九十四頃二十畝四分九釐四毫七絲徵豁免銀三萬九百五兩七錢五分六毫四

絲四忽米五千六百九十七石三斗一升五合五勺七抄四撮順治康熙年豁比前志豁荒田多五頃四十九畝五分零

新豁荒田四十五頃六十六畝一分三釐二毫七絲一忽一微豁免銀四百一十九兩六錢九分二釐四毫一絲五忽米二十二石八斗三升八合六勺一抄六撮乾隆四年至十六年豁

舊墾復田二千九百一十三頃二十七畝六分一釐一毫九絲九忽徵銀二萬三千九百三十二兩四錢一分五釐五忽米四千五百三十四石二斗六升九合五勺雍正十二年以前墾復比前志墾復田多一十三頃三畝八分零

新墾復田六十八頃九十八畝六分二釐三毫二絲九微徵銀三百七十六兩三錢九分三釐六毫二絲米一百一十七石五斗四升一合一勺一抄乾隆四年至十九年墾復

舊丈溢田三十七頃六十二畝九分三釐二毫一絲五忽徵銀三百九十一兩七錢三分四釐三毫七絲九微米八石二斗八升三合八勺七抄七圭康熙年丈溢比前志丈溢田多十頃二十四畝六分

新丈溢田四十一頃八十畝八分二釐四毫七絲二忽徵銀一百八十八兩七分七釐三毫一絲三忽

米六十四石三斗一合七勺九撮又報溢額銀一千三百五十九兩五錢二分四釐米二百四十八石四斗四升四合九勺九抄九撮

共實在官民田塘山池碓溪港河四千九百七頃九十九畝五分二釐三毫八絲一忽九微銀三萬九千三百五十兩九錢三分一釐六毫八絲一忽六微

附徵雜項租稅原額銀三千三百八十一兩三錢一分八釐八毫二絲前志同

舊豁免銀一千九百六十二兩六錢九分七釐二毫

五絲乾隆二年以前豁免比前志豁免銀多四十三兩六錢一分零

新豁免銀八十五兩四錢八分一釐四毫八絲乾隆七年至九年豁

墾復陞科銀一千兩二錢二分四釐四絲一忽雍正十二年以前墾復比前志墾復銀多五錢八分零

溢額銀一百七十九兩五錢八分四釐八毫康熙雍正年溢

又加徵銀七兩六錢七分九毫四絲四忽四微乾隆八年溢

共實在雜項租稅銀二千五百二十兩六錢九分六釐八毫五絲九忽二微六沙

原額屯田地五百八十七頃六十三畝二分八釐四絲四忽徵銀三千一百四十一兩八錢九釐五毫九絲九忽米四千四百九石二斗五升（比前志原額田多八頃十畝）

舊豁荒田五百三十四頃七十一畝四分一釐三絲八忽豁免銀二千九百七兩六分八釐二毫五絲九忽米三千七百九十石八斗六升二撮（順治康熙年豁比前志豁田多六頃六十九畝三分零）

新豁荒田七十五畝一分九釐五毫四絲一忽豁免銀三兩四錢六分六毫二絲米五石九斗三升九

合八抄乾隆九年豁

舊墾復田三百七十頃九十六畝九分四釐三毫五
絲徵銀一千九百九十六兩九錢七分二釐六毫
米二千八百五石一斗五升二合七勺二抄雍正十三年以前墾復比前志墾復田多一頃七十四畝

新墾復田八頃二十六畝九分五釐一毫四絲六忽
徵銀三十八兩七錢六分八釐四毫四絲三忽米
五十四石九斗四升七合八抄溢額銀二十四兩
五錢六毫米七石二斗五升一合九勺三抄

共實在屯田地四百三十一頃四十畝五分六釐九

毫六絲一忽三微銀二千二百九十一兩五錢二分二釐三毫八絲八忽一微本色米三千四百七十九石八斗二合六勺五抄七撮

臺灣府

原載官民田園一萬八千四百五十四甲二分六釐四毫三忽三微徵粟九萬三千一百二十八石三升七合九勺四抄八撮同前志

舊豁田二千三百四十五甲六釐七毫六絲　忽豁免粟六千二百二十八石六斗二升五合二抄乾隆二年以前豁比前志豁免田多一千七百四十五甲五分零

新豁田九百八十二甲七分四釐五毫二絲八忽豁免粟三百六十六石七斗八升四合九抄乾隆九年至十五年豁

舊墾田三萬三千八百九十一甲二分七釐四毫零又田園五十八頃一十畝八分六釐九毫一絲四忽零徵粟一十萬七千五百四十八石七斗六勺二抄零康熙雍正墾比前志多田園四十八頃九十六畝零

新墾田園三百八十一頃三十七畝四分三釐七絲四忽徵粟六千一石一斗一升八合七勺一抄四撮雍正九年至乾隆十九年墾

額外溢出田六頃五畝徵銀三十四兩八錢一分七釐七毫五絲粟九十六石七斗一升五合九勺七抄二撮雍正十三年溢

實在官民田園四萬九千一十七甲七分二釐五毫六絲一忽又田園四四百四十五頃五十三畝二分九釐九毫八絲八忽二微徵粟一十九萬六千一百七十九石一斗六升四合一勺四抄九撮

附徵雜項餉稅原額銀一萬五千二百八十七兩四錢三分四釐九絲二忽前志同又里民番社認輸稅銀二千三百九十兩六錢二分八釐六毫乾隆二年

舊豁社餉銀七千一百二十九兩四分七釐二毫乾隆二年豁

新豁銀二百三十八兩三錢四分七釐三毫四絲乾隆九年至十八年豁

溢額銀三百七十三兩三分八釐一毫一絲四忽雍正七年溢

墾復陞科銀六百四十四兩五錢七分七釐八毫雍正十二年至乾隆十九年墾復上共銀一千二百八十八兩二錢八分四釐一毫又各項雜稅折徵銀除鹽埕鹽石稅銀二千四百三十六兩一錢四分三釐五毫歸入鹽

①課奏銷外實徵銀九千八兩四錢三分九毫六絲六忽

共實在雜項餉稅銀二萬二百九十六兩七錢一分五釐六絲

應徵官庄田園糖粟蔗車銀三萬七百三十九兩九錢六分六釐一毫三忽前志同

衝瀦田豁免銀三百六十九兩四錢九分四釐二絲乾隆年豁比前志豁免銀多又豁免銀四百一十一百五十七兩二錢九分零五兩三錢三分二釐一毫七絲

實徵銀三萬一百四十七兩七錢九釐八毫七絲五

校注：①課

忽六微七纖

永春州

原額官民田園池地山塘溪蕩潭堨等三千七百五十八頃四十三畝八分九釐六毫九絲三忽徵銀三萬七百九十一兩六錢八分八釐七毫八絲五忽一微前志同

豁荒田五十四頃十一畝三分四毫六絲豁免銀三百七十二兩一錢一分七釐四毫五絲乾隆二年至九年豁

前志未載

丈溢田四十六畝四釐三毫二絲五忽徵銀三兩四二

錢二分三釐三毫九絲八忽二微雍正十三年以丈溢田多前丈溢比前志三畝八分又溢額田八頃七十六畝六分三釐七毫五絲徵銀四十七兩四錢八分三釐四毫三忽九微

共實在官民田園池地山塘溪蕩潭埧三千七百二十三頃五十五畝二分七釐三毫一絲三忽徵銀三萬四百七十兩二錢七分八釐一毫二絲四忽九微

附徵雜項租稅銀五百一十兩九錢三分三釐八毫八絲五忽前志同

豁荒銀六兩六錢二分四釐六毫乾隆七年豁

溢額陞科銀三十三兩五錢七分九釐五絲

共實在雜項租稅銀五百三十兩八錢八分八釐三毫三絲五忽

原額屯田一千八十七頃四十一畝八分一釐八毫九絲二忽三微三纖徵銀三千九百四十七兩三錢一分三釐三毫八絲七忽米三千一百六石七斗三升五合一勺二抄比前志屯田多十七頃六十一畝九分零

舊豁荒田八十一頃七十六畝二分四釐六毫七絲

豁免銀四百一兩七錢六分五釐五毫六絲米二一

百二十七石四斗九合三勺康熙年豁比前志豁荒田多五頃三十畝八分零

新豁荒田五十五畝三分一毫七絲豁免銀一兩八錢六分四釐九毫五絲四忽二微米一石五升八合四勺乾隆九年豁

舊墾復田八十頃十三畝九分二釐七絲徵銀三百九十三兩七錢七分六釐七毫一絲七忽米一百二十七石四斗九合三勺雍正年墾復比前志墾復田多四畝一分零

新墾復田二十三畝六分八釐四毫徵銀二兩三錢六分三釐五毫二絲

丈溢田三十六畝一分三釐五毫七絲八忽銀二兩七錢五分五毫六絲二忽前志同

實在屯田地一千八十五頃九十四畝一釐一毫三微三纖徵銀三千九百四十二兩五錢七分三釐六毫七絲二忽五微一纖本色米三千一百五石六斗六升六合七勺二抄六撮

龍巖州

原額官民田地塘等二千八百九十八頃三十七畝二分六釐一毫五絲徵銀二萬三千九百一兩二錢六分四釐四毫四絲四忽前志同

舊豁荒田九十頃九十五畝三分七釐七毫六絲八忽二微六纖豁免銀六百七十三兩九錢六分四釐三毫七絲康熙年豁比前志豁免田多八十六頃二十四畝零

新豁荒田七十五畝一分三釐九毫一絲六忽豁免銀八兩四錢一分一毫五絲九忽乾隆九年豁

墾復田九十頃九十五畝三分七釐七毫六絲八忽二微徵銀六百七十三兩九錢六分四釐二毫七絲一忽八微康熙年墾復比前志墾復田多八十九頃六畝

丈溢田二十二頃八十七畝五分四釐三毫四絲六忽徵銀一百四十八兩九錢七分九釐九毫五絲

四忽康熙雍正年丈溢比前志丈溢田多八頃二十九畝九分溢額田四十六頃二十一畝七分五釐八毫七絲三忽徵銀二百七十五兩九錢八分九釐三毫九絲一忽

共實在官民田地塘二千九百六十六頃七十一畝四分二釐四毫五絲八忽一纖三沙徵銀二萬四千二百一十七兩八錢三分三釐六毫三絲二纖

附徵雜項租稅原額銀六百九十一兩二錢二分九釐五毫一絲同前志

豁免銀一百七十三兩九錢七分九釐二毫三忽新舊豁免比前志豁免銀多二兩七錢六分零

溢額銀三十二兩一毫前志同

共實在雜項租稅銀五百四十八兩二錢五分四毫一絲六忽二微二纖七沙

原額屯田地三十六頃六十六畝一分一釐九毫徵銀五十六兩六錢五分七釐四毫米四百八十四石四斗二升四合四勺六抄前志同無豁免墾復丈溢

海關稅附

閩海關稅口一十六處

南臺口每年徵銀五萬兩零　閩安鎮口每年徵銀五千兩零

涵江口每年徵銀三萬兩零　泉州口每年徵銀四萬兩零

安海口每年徵銀八千兩零　廈門口每年徵銀十七萬兩零

劉五店口每年徵銀九百兩零　石碼口每年徵銀六千兩零

寧德口每年徵銀三千兩零　白石司口每年徵銀三千兩零

沙埕口每年徵銀二千兩零　福寧口每年徵銀一千兩零

銅山口每年徵銀三千兩零　雲霄口每年徵銀一千六百兩零

舊鎮口每年徵銀一千九百兩零　詔安口每年徵銀二千兩零

以上海稅各口徵正項課稅銀三十五萬四千零又徵耗銀三萬三千零共徵正羨課稅銀三十八萬七千零前志原額關稅徵銀六萬六千五百四十九兩五錢零

按閩海關稅銀每年所徵多寡不等今乾隆

二十六年至二十八年正羡稅銀合三年之

數爲率三分歸一約計一年之數如右

鹽政附

通省原額鹽課正項銀一十七萬三千四十五兩五

錢零比前志所載增正項銀多一百六十兩五錢

鹽課紙折鹽菜鹽斤公費等銀俱歸入正項

五釐　又添徵紙折銀五十五兩一錢八分零通共

正額引課紙折等銀一十七萬三千一百兩五錢

八分六釐七毫九絲九忽四微二纖

按閩省除汀州一府食粤鹽外各府州縣分

三路銷鹽曰西路曰東路曰南路外福興泉

漳四府所屬各縣灣共部頒引一十萬九千九百二十二道每引配鹽多少不等計共行鹽五十五萬一千八百八十四石有奇額徵課銀七萬七千三百八十二兩有奇各場額徵坵折銀一萬三千七十九兩五錢有奇雜正年裁革鹽院各官雜費歸公銀八萬二千二百一十兩有奇又陸續陞報坵折銀三百七十三兩八錢有奇又續徵坵折銀五十五兩一錢八分有奇共銀一十七萬三千一百兩五錢八分六釐七毫九絲內除新舊坵折

銀另行解部外實存銀一十五萬九千一百五十九兩七錢四分九釐此引課正額也引課正額及產鹽各場行鹽各地界諸場田園洲山鹽坻鹽埔諸課前志已載不復再錄今查乾隆八年以來餘引餘課及二十六年編審鹽丁實在口數續入以補前志未修

餘引餘課

西路南平順昌將樂沙縣尤溪永安延平府屬建安甌寧建陽崇安浦城建寧府屬邵武光澤建寧泰寧邵武府屬十三縣行餘引二萬三千五百三十道每引載鹽六

百七十五斤徵課費銀二兩八錢三分三釐三毫有奇共徵盈餘課費銀六萬六千六百六十八兩三錢九分六釐一毫二絲三忽七微五纖

東路羅源古田屏南福州府屬松溪政和建寧府屬霞浦福鼎寧德福安壽寧福寧府屬十縣行餘引一千二百四十道每引載鹽一百斤徵課費銀七分五釐共徵盈餘課費銀九十三兩

南路閩縣侯官長樂福清連江閩清永福福州府屬莆田仙遊興化府屬晉江南安惠安同安安溪泉州府屬各縣灣行餘引三十三萬九千四百七道七百五十六斤

斤每引載鹽一百斤徵課費銀一錢五分共徵盈餘課費銀三萬五千九百一十二兩一錢八分一釐四毫六絲一忽九微七纖

龍溪漳浦南靖海澄長泰詔安漳州府屬永春龍巖各州縣行餘引一十三萬七千二百四十六道一百五十六斤每引載鹽一百斤徵課費銀二錢三分二釐共徵盈餘課銀三萬一千八百四十一兩四錢三分五釐三毫六絲

雲灣臺灣徵盈餘課費銀七千二百五十四兩七錢九分九釐五毫

共實在餘引四十萬一千四百二十三道九百一十二斤半共徵盈餘課費銀一十四萬一千七百六十九兩八錢一分二釐四毫四絲五忽七微三纖一沙

餘引餘課外再行多銷者謂之額外盈餘儘收儘報年無定額統歸盈餘冊內奏銷

雜項附

雜項乾隆七年題定福清莆田二場鹽每石徵錢一十四文潯美洒州二場每担徵錢七文惠安場每担徵錢二十五文浯州場每担徵錢九文漳浦東南二場詔安場每担徵錢二十文石碼館每担徵錢七文客販買鹽於場者給道印票单一張徵錢

三攵南東縣灣鹽課銀一釐徵錢一攵易銀解道而申出者謂之錢水凡此統謂之雜項收爲在場各役薪水之給餘解道庫以爲通省公費再有剩者歸於盈餘册內報部

鹽丁附

上里海口牛田潯美浉州浯州惠安七場人丁男子共四萬九千八百九十二丁比前志所載增三千六百五十一丁内實在成丁三萬二百四十五丁不成丁一萬九千六百四十七丁

上里場人丁共一萬一千六十四丁内依山買辦

戶成丁四千六百一十九丁附海諸辦戶成丁二千七十八丁不成丁四千三百六十七丁

海口場人丁共一萬四千九百四十八丁內依山買辦戶成丁七千四百六十一丁附海諸辦戶成丁六百七十四丁不成丁四千八百一十三丁

牛田場人丁一萬一千二百八十一丁內依山買辦戶成丁六千三百九十六丁附海諸辦戶成丁五百四十丁不成丁四千三百四十五丁

淨美場人丁五千八十三丁內成丁二千八百五十一丁不成丁二千二百三十二丁

洒州場人丁三千二百六十六丁內成丁一千一百六丁不成丁一千一百六十丁

浯州場人丁二千二百四丁內成丁五百九十八丁不成丁一千六百六丁

惠安場人丁男子三千四十六丁內成丁一千九百二十二丁不成丁一千一百二十四丁

福建續志卷十二終

福建續志卷十三

戶口

三五之代功君誼辟罔勿輕傜薄征以康中國而閩粵遠介荒服至騶無諸建國始隸版宇然當時井田比伍諸制已廢漢晉之後履畝定稅又令人出口賦給傜役貧無置錐輸筭與豪右等雖歷唐宋寬仁之主厥制屢更征傜未改逮元抑又甚焉

盛朝寧一海内罷諸科差雜役取民原本兩稅以丁地並征法歸簡易及我

聖祖仁皇帝御宇以斯民父母之心監往古之弊謂田疇之多寡有定而戶口之滋生無窮苟成賦以計口而生則百姓將以丁男爲累

特詔有司五載籍戶口以登民數永不加賦

列聖繼承民物康阜又時賜復蠲租間遭水旱賑卹相望諸老穉癈疾無依之民既枯之骨並皆廣推惠澤予以矜全蓋自三代以來厚民之深籌民之切未有踰於斯時者也閩雖東南遐徼霑濡休養百數十年凡民不知有徭役之累故謹續前志易戶役爲戶口且撤補前志所未登之

恩旨而仍以卹政附

福建布政司人戶丁口原額共一百四十四萬七千九百五十三丁口五分詳見前志

附載

盛世滋生戶口

乾隆二年編審民鹽竈戶丁口共十七萬八千八百八十二丁口三分內補額徵糧丁口十二萬九千七百六十八丁三分實增益五萬九千一百十四丁口欽遵

恩詔永不加賦

乾隆六年編審民鹽竈戶丁口共十八萬一千四百七十九丁口五分内補額徵糧丁口十萬五千八百七十五丁口五分實增益七萬五千六百四丁口欽遵

恩詔永不加賦

乾隆十一年編審民鹽竈戶丁口共二十九萬八千七百七十六丁口内補額丁口十一萬四千二百八十八丁口實增益十八萬四千四百八十八丁口欽遵

恩詔永不加賦

乾隆十六年編審民竈戶丁口共三十二萬五千六百四十二丁口內補額徵糧丁口十二萬七百六十二丁口實增益二十萬四千八百八十丁口
欽遵
恩詔永不加賦

乾隆二十一年編審民竈戶共三十三萬三千八百二十九丁口內補額徵糧丁口十二萬三千八十丁口實增益二十一萬七百四十九丁口欽遵
恩詔永不加賦

乾隆二十六年編審民竈戶丁口共三十三萬五

千一百二十五丁戶內補額徵糧丁口十一萬八千七百四十二丁口實增益二十一萬六千三百八十三丁口欽遵

恩詔永不加賦

郵政附

國朝康熙十五年　康親王疏免十六年分併以前錢糧

康熙二十五年九月

詔免福建本年未完錢糧並二十六年上半年二十七年下半年錢糧

康熙四十九年十月

詔免福建四十八年以前積逋仍免五十年全年錢糧

雍正四年八月福州大雨水連江羅源二縣水淹田畝

詔免二縣並福甯右中二衛錢糧

雍正六年閩縣侯官長樂福清閩淸五縣秋旱

詔依被災分數蠲免錢糧共二萬二千三百五十八兩零十一月又

詔閩省州縣有數歉徵欠雨澤將康熙五十五年起

至雍正四年止帶征民欠地丁銀三十三萬八千

三百餘兩概予蠲免

乾隆二年八月福州風災奉

旨加恩賑恤並豁免閩縣候官長樂連江等縣未完

銀一千二百八十六兩零

乾隆八年奉

旨允閩浙督臣請將浙江尾幫漕米截留十萬石運

赴閩省以裨益綏𤍠計

乾隆十一年

恩詔通免閩省錢糧

乾隆十五年十二月閩縣侯官等縣水災奉
旨動支正項賑恤
乾隆十六年七月福安壽寧等縣水災奉
旨動支正項賑恤
乾隆二十二年漳州府屬秋旱二十三年復旱督撫
奏請招商往臺灣及浙江温台諸府採買平糶
俞旨允行

福州府

閩縣　普濟堂　在府治北華林寺詳見前志　國朝乾
隆二十三年官及商民公捐生息銀五百十兩以

資經費是年額設出旗孤貧三十四名

育嬰堂　在府治北後嵐鋪初在遵截鋪　國朝乾隆二十五年通判歐陽瑺以舊堂狹隘改建今所詳見前志

候官縣　普濟堂與閩縣公設華林寺

育嬰堂與閩縣公設後嵐鋪

長樂縣　育嬰堂　在縣治後西邊見前志

國朝乾隆元年知縣殷鳳梧葺

養濟院　在縣城東北詳見前志　國朝乾隆五年署

縣姚循義拓建

義冢　一在南關外一在北關外邑厲壇邊一在北關外舊壇地又十都十二都十五都十六都二十都二十一都二十四都各有義冢

古田縣　育嬰堂在雙垻河源　國朝乾隆二十四年知縣趙杞杲重建

養濟院　在縣西白塔　國朝康熙四十九年知縣李光國建分東西二院

閩清縣　普濟堂　在縣西門外　國朝乾隆二年建

興化府

莆田縣　養濟院　在永清門外詳見前志　國朝乾隆十二年動帑買涵江黃石地並修建附城水南涵江三處院室共四十九間

漏澤園　在南關外蔡嶺頭　國朝乾隆元年邑紳士程大信捐置

仙遊縣　普濟堂　在縣治西初附節孝祠內後移祠於金石山遂以舊地為堂

養濟院　在靈陂山初在城東北隅明萬歷間遷今所

義冢　一在永興里一在折桂里一在善化里一

在文賢里邑人李㒞捐置一在孝仁里邑人陳學捐置一在折桂里邑人曾光宗捐置一在功建里邑人佘宗鰲捐置一在大蓋山下邑人劉鳴岐捐置一在仁德里一在山仔頭一在大壠後俱邑人林維昌捐置一在永興里一在折桂里俱邑人徐芳捐置一在永興里一在功建里俱邑人徐萬斗萬卷捐置

泉州府

晉江縣　養濟院　在縣西北隅祐徙於縣治後旋復故處　國朝乾隆三年加增口糧五年收養額

外撫貧

漏澤園　在仁風門外見前志　國朝乾隆二十五年邑民沈俊華修造置義壓以供祭祀繕葺之費

義冢　在東關外二里明萬歷間知縣李待問置　國朝雍正六年知縣蘇本潔拓地乾隆十八年知縣王勲增置象坑山八所五穀祠後一所

南安縣　普濟堂　在鵬溪鄉　國朝乾隆七年建

養濟院　在西門外　國朝乾隆三年建又舊養濟院一所在城東今圯

同安縣　普濟堂　在廈門鎮南關下衲在草仔垵

國朝乾隆二十六年移建今所乾隆三十二年

興泉永道蔡琛創捐修置義產

義冢 在西員保大小溪山 國朝康熙間知府

張元咎捐置

漳州府

龍溪縣 育嬰堂 在城北隅 國朝雍正二年奉

文設立初在準提閣旋遷開元寺乾隆十九年巡

道傷景素移建今所海澄公黃仕簡捐置屋舍二

十四區

長生堂 一在南廂 國朝雍正八年里人陳震

綸等公建乾隆十九年里人吳君輿陳應麟等公修　一在東南　國朝雍正四年里人吳龍章等募建於所保亭後里人陳國祿改建今所

義冢詳見前志　國朝順治間里人呂子煇置南坑山一所康熙間邑人呂仲孝置公母林一所郭益置榴山寨一所雍正間里人林域置浦邊山一所陳袁綸等置庵兜九寶崛山赤岑嶺頭山磨埔新村巖亭後七所乾隆間里人黃可潤置林裡社一所陳士廉置宋坂山一所

長泰縣　育嬰堂　在縣治右

延平府

尤溪縣 養濟院 在城南興文坊

建寧府

崇安縣 育嬰堂 在城隅十一圖

浦城縣 普濟堂 在東隅萬安橋頭 國朝乾隆三年知縣楊允璽建

育嬰堂 在東隅陂頭 國朝乾隆三年知縣楊允璽建

孤貧院 在北鄉周家塘 國朝乾隆七年邑民季邦輔捐屋三十楹田租四百四十餘石義山一

所爲居養祭埋之資

義冢　一在北隅官塘源一在楊源邑人吳蘭置一在高山一在官塘源一在上相里一在淸湖里一在仁鳳里一在社下一在黄山排俱邑人梅禮置一在上相里一在永平里俱邑人季春成置一在余樂草塘邑人朱仁置一在綵門外縣丞王治置一在五顯廟北

普同塔　在北門外知縣楊鷭置

政和縣　育嬰堂　在城隍廟東

邵武府

邵武縣育嬰堂　在南市福鎮坊初在西市亭泰坊國朝乾隆二十四年知縣張增移建今所撥高陽寺田以資經費

光澤縣育嬰堂　在城西門外節孝祠右

建寧縣仁壽廬　在水東

泰寧縣育嬰堂　在縣北山下街

汀州府

長汀縣育嬰堂　在府治東北隅國朝乾隆九年知府俞敦仁建以鹽規銀二千五百兩爲育嬰費十四年知府曾曰瑛修

義冢詳見前志　在羅漢寺知府沈偉業捐置一在木
魚山知府會日瑛捐置
清流縣　養濟院　一在朝貞坊見前志　一在北河背
義冢詳見前志　一在黃坑官山　國朝乾隆間知縣
岳攀桂捐置一在伍姑大塘邊山知縣馬鏘捐置
一在夢吾里邑人李其義建木塔子昌贊易以石
一在嵩溪邑人吳常恩捐置
連城縣　養濟院　在縣治東　國朝順治間知縣
宗泰建康熙間知縣王士晉捐置田畝
上杭縣　義冢　東路溷湖劉清坑西路董塘桐樹

嶴南路馮公塔南泉寺邊火燒岑將軍宫上畔霞

打凹北路華元堂背祇園庵背

永定縣　育嬰堂　在城西孟公祠　國朝乾隆十

三年知縣高琦建

漏澤園　在山川壇側舊有千人塔在養濟院東

後因低窪縣丞方南灊移於高阜

福寧府

霞浦縣　義冢詳見前志　國朝康熙間邑人周士元捐

置西郊外一所李大亨等捐置龍灣境山一所雍

正九年邑諸生陳正順置六都一所知縣李珊玉

置龍首山一所

福安縣　義冢詳見前志　國朝諸生陳亥劍置北郊口一所邑人林貝瑗置灣塢一所陸日昌置碧照廣坑一所

寧德縣　義冢詳見前志　國朝知縣汪大潤捐置月片山一所知縣王如芳置三義祠一所知縣楚文暻置猪頭壠山慈山鯉魚山一所

福鼎縣　養濟院　在西郊外　國朝乾隆六年建

育嬰堂　在南關外　國朝乾隆三十二年署知縣潘鳴謙捐建

義冢 一在較場邊邑人陳元泰捐置一在鄭貴橋乾隆二十年知縣蕭克昌捐置一在乞食袋邑人陳學海置一在桐崎嶺一在棲林寺供僧瑞然置一在溪西橋北邑人高鴻勳置一在嶴與邑人陳天生高堅等置一在馬山頭諸生王鳳翔置一在資國寺諸生夏勳築

臺灣府

臺灣縣 普濟堂 在城隍廟側 國朝乾隆十二年巡臺御史六十七范咸倡建撥贍園二十六甲零以充經費

義冢詳見前志　一在水蛙潭一在北壇前一在海會寺俱　國朝乾隆十七年知縣魯鼎梅捐置

彰化縣　養濟院　在縣東門外　國朝乾隆元年知縣秦士望建

永春州

永春州　育嬰堂　在西門內舊在西關外

養濟院　在東關外並乾隆三十二年知州嘉謨修建

龍巖州

龍巖州　普濟堂　在養濟院左乾隆三年知州張

廷球建二十六年知州嘉謨増建

育嬰堂　在州治西　國朝乾隆十三年署州費

應豫建撥田以供經費二十四年知州嘉謨倡捐

置產以充之

福建續志卷十三終

福建續志卷十四

典禮

古聖王體天道立民彝於是乎隆禮以率教明軌章物别嫌析疑俾深而通茂而有間細行而不失是故有禮則安三代而後文質殊矣然整齊畫一之道弗衰也十閩舊濱海服顧自漢唐之際剗削嬈荼式遵王路在宋損益禮書陳氏上之朱子與黃直卿楊信齋考正經傳垂法後世餘烈未湮漸摩斯廣閩澱之盛抑亦鄒魯之亞也我

國家酌憲千古典物修明始自
朝廷旁被方國小大率履郁乎彬彬前志亦既綜其大端矣而漏遺未補珥筆者恧焉爰謹搜羅志續典禮

慶賀禮　接詔祭社稷山川文廟迎春鄉飲酒各儀注前志備載不復贅入

凡遇
萬壽聖節千秋節及元旦冬至拜進賀表外　賀表式已詳前志　正官率屬先一日至明倫堂習儀請
龍亭供奉香燭至日黎明各官朝服敘慶賀班次左文右武行三跪九叩禮畢正官赴

龍亭前祝聖畢復位禮畢送　亭出班散

文廟配祀位次

先師廟宋元舊稱文宣王明嘉靖十一年改今稱

國朝因之每歲春秋仲月上丁日祀以太牢舊用少牢雍正三年改用太牢

正殿

先師至聖孔子位

東配二位

復聖顏子

述聖子思子

西配二位

宗聖曾子

亞聖孟子

東哲六位

閔子損　子騫魯人

冉子雍　仲弓魯人

端木子賜　子貢衛人

仲子由　子路卞人

卜子商　子夏衛人

有子若　子有魯人乾隆三年升哲

西哲六位

冉子耕伯牛魯人

宰子①予子我魯人

冉子求子有魯人

言子偃子游吳人

顓孫子師子張陳人

朱子熹康熙五十一年升哲

東廡先賢三十九位

蘧子瑗伯玉衛人雍正三年增祀

澹臺子滅明子羽魯人

校注：①予

原子憲子思宋人

南宮子适家語作縚或作韜又作适子容①魯人

商子瞿子木魯人

漆雕子開子開字與名同

司馬子耕子牛宋人

梁子鱣叔魚齊人

冉子儒子魯魯人

伯子虔家語作處子析家語作哲②魯人

冉子季子產魯人

漆雕子徒父家語名從子文

校注：①客　②晳

漆雕子哆子斂魯人

公西子赤子華魯人

任子不齊子選楚人

公良子孺子正陳人

公肩子定子中晉人或作魯人

鄡子單子家

罕父黑子素

榮子旂家語作旂子祺家語作魯人子顏

左人子郢子行魯人

鄭子國子徒

原子亢子籍

廉子潔子庸衛人

叔仲子會子期魯人

公西子輿如子上齊人

邽子巽史記索隱作邦巽文翁石室圖作國選家語巽亦作選子歛魯人

陳子亢子禽陳人

琴子張子開衛人

步叔子乘或作少叔子車齊人

秦子非子之魯人

顏子噲子聲魯人

顏子何子冉魯人
縣子亶
樂正子克
萬子章自顏子至萬子雍正三年增祀
周子敦頤
程子顥
邵子雍三子雍正三年升爲先賢
西廡先賢三十八位
林子放魯人雍正三年增祀
宓子不齊子賤魯人

公冶子長家語作萇字與名同子長魯人

公晳子哀家語作克季次齊人

高子柴子羔衛人

樊子須子遲魯人

商子澤子秀魯人

巫馬子施子期陳人

顏子辛通典作柳志作韋或作幸咸淳臨安子柳魯人

曹子卹子循蔡人

公孫子龍子石楚人

秦子祖子南秦人

顏子商

壤駟子赤子徒秦人

石作子蜀子明

公夏子首子乘魯人

后子處子里齊人

奚容子蒧子晳一云字子晳衛人

顏子祖或作相子襄魯人

勾子井疆子疆衛人

秦子祖子南秦人

縣子成子祺今本家譜作子橫魯人

公祖子句茲子之魯人

燕子伋子思

樂子欬子聲魯人

狄子黑子晳家語作晳之衛人

孔子忠子蔑魯人

公西子蒧子尚魯人

顏子之僕子叔魯人

施子之常子恒魯人

申子棖字子續

左邱子明魯人

秦子冉雍正三年增祀子開秦人

牧子皮

公都子

公孫子丑牧子皮至公孫子丑俱雍正三年增祀

張子載

程子頤二子雍正三年升爲先賢

東廡先儒二十三位

穀梁子赤

伏子勝

后子蒼

董子仲舒

杜子子春

范子甯 雍正三年增祀

韓子愈

范子仲淹 康熙五十三年增祀

胡子瑗

楊子時

羅子從彥

李子侗

張子栻

黃子榦雍正三年增祀

真子德秀

何子基

趙子復

吳子澄

許子謙自何子基至許子謙俱雍正三年增祀

王子守仁

薛子瑄

羅子欽順雍正三年增祀

陸子隴其雍正三年增祀

西廡先儒二十三位

公羊子高

孔子安國

毛子萇

高堂子生

鄭子康成　雍正三年增祀

諸葛子亮　雍正三年增祀

王子通

司馬子光

歐陽子修

胡子安國

尹子焞雍正三年增祀

呂子祖謙

蔡子沈

陸子九淵

陳子淳

魏子了翁

王子相

許子衡

金子履祥

陳子澔 陳子淳至陳子澔俱雍正三年增祀

陳子獻章

胡子居仁

蔡子清 雍正三年增祀

崇聖祠五位祀

肇聖王木金父公

裕聖王祈父公

詒聖王防叔公

昌聖王伯夏公

啓聖王叔梁公

東配先賢二位

顔氏無繇

孔氏鯉

西配先賢二位

曾氏點明宋濂廟堂議曰子不先父食固參饗於堂而其父列兩廡可乎故配享啓聖祠

孟孫氏激

東從祀先儒三位

周氏輔成

張氏迪雍正元年增祀

蔡氏元定

西從祀先儒二位

程氏珦

朱氏松

按廟祀位次宜載於學校因前志學校但載

學宫及書院社學建置而

文廟祭祀諸儀俱詳典禮篇中故沿其例而載之更

稽史記家語曝書亭集孔子弟子考諱書孔門

諸賢表字鄉里於下其濂洛諸儒則五經篇首

及史冊具存故不備錄

雩禮

祭期前一日委員省牲監視宰牲委員着緑服至壇封帛畢（禮生）引至省牲所省牲（禮生）接毛血供香案前行一跪三叩禮禮畢退

正祭日陳設祭品羊一豕一帛五（黑三白二）白瓷爵十五登一酒罇一鉶簠簋各二籩豆各十黎明各官俱至壇着朝服主祭官簽祝文畢起鼓（禮生）引主祭官①詣盥洗所盥畢引至行禮處立（通唱）執事者各司其事主祭官就位陪祭官各就位瘞毛血迎神（引贊）上香引主祭官於壇右階上至香案前立（捧香生）跪進主祭官受香拱舉授（捧香者）炷香爐

校注：①詣

內又上瓣香畢引贊叩首興復位主祭官陪祭官俱行三跪九叩禮興通唱奠帛行初獻禮引贊詣社稷先農山川神位前立引贊跪叩首奠帛捧帛生跪進主祭者受帛拱舉授接帛者獻引贊獻爵執爵生跪進主祭官受爵拱舉授接爵者獻畢引贊叩首興引贊詣讀祝位主祭官詣讀祝位立讀祝生至祝案前捧祝版立於案右引贊跪主祭官陪祭官讀祝生俱跪引贊讀祝文祝曰

維乾隆　年歲次　月　朔越祭日　某官某致祭於

社稷先農山川之神曰恭膺
詔命撫育群黎仰體
彤廷保赤之誠勤農勸稼俯惟蔀屋資生之本力穡服田令甲爰頒肅舉祈年之典惟寅將事用申守土之忱黍稷維馨尚冀明昭之受賜來牟率育庶俾豐裕於盖藏尚饗讀祝生讀畢捧祝版仍供案上引贊行三叩禮各官俱隨行禮興復位通唱行亞獻禮如初儀不讀祝獻帛復位通唱行終獻禮如初儀復位通唱飲福受胙引贊主祭官詣飲福位引贊跪飲福酒主祭官受爵拱舉受①接爵者引贊引贊受胙主

校注：①授，应为大字，即“舉授”

祭官受胙拱舉授接胙者引贊叩首主祭官行三叩禮各官不隨叩復位通唱徹饌送神引贊跪主祭官陪祭官俱行三跪九叩禮興通唱讀祝者捧祝執帛者捧帛各詣燎位祝文在前帛次之主祭官傍立候祝帛過仍復位立通唱望燎禮生引主祭官詣望燎位立祝帛焚半引贊禮畢退班

祈雨

凡遇亢旱祈求雨澤先一日齋戒禁止屠宰至期各官朝服致祭山川壇次日致祭

①稷壇祭品儀注俱照春秋祭禮另用祝文不飲福

受胙兩壇祭畢委官兩纓素服詣

城隍神廟讀祝文行香以後每日兩壇祭畢各官同詣

龍神廟行香用一跪三叩禮凡七日內得雨開屠擇

日行報祭禮同日先祭

山川壇次祭

社稷壇如前儀另用祝文飲福受胙次日先祭

城隍廟次祭

龍神廟如春秋祭儀另用祝文如七日不雨或小雨

不足暫開屠禁一日仍②戒如前祭

校注：①社　②齋

山川壇

社稷壇委員詣

城隍龍神廟行香如前儀各壇俱另用祝文祭畢毎日各

官俱詣

城隍龍神廟行香得雨後報祭如初儀如遇亢旱太甚各

官步禱行香祭壇俱穿朝服行禮祭後雨纓素服

餘日各廟行香俱雨纓素服惟報祭則各廟俱穿

補服祈雨禁屠祭壇用牲各衙門照常辦事不理

刑名不宴會不聲砲鼓吹不鳴金張蓋相見皆雨

纓素服

祈晴

凡遇霪潦為災祈晴齋先行禜祭之禮伐鼓用少牢視水所溺最多之門祭之祭先一日齋戒禁屠惟祭門用牲祭日陳帛三（帛黑色門用一社稷用二）白瓷爵三羊一豕一鉶一酒罇一簠簋各二籩豆各四各官穿補服行二跪六叩禮伐鼓用祝文凡祈晴三日之內禁屠齋戒各衙門照常辦事不理刑名不宴會出入不聲砲鼓吹不鳴金張蓋各官相見緯帽常服如三日仍雨則伐鼓用牲致祭

社稷朝服行禮另用祝文儀注如春秋祭禮不飲福

受胙祈禱之日晴霽開屠擇日行報祭禮另用祝文仍飲福受胙

祭天后儀注 雍正十二年奉文各府州縣一體建廟奉祀乾隆三年又奉文通行春秋二祭

祭期前一日委官省牲監視宰牲委員著補服至廟封帛畢禮生引至省牲所省牲禮生接毛血供香案上省牲官行一跪三叩禮禮畢退

正祭日陳設帛一白瓷爵三羊一豕一酒罇一鉶一簠簋各二籩豆各四五鼓各官至廟[1]若緣服主祭官簽祝文畢起鼓禮生引主祭官詣[2]盥洗所[3]盥

校注：①着　②③盥

畢引至行禮處立通唱執事者各司其事主祭官就位陪祭官各就位瘞①毛血迎神引贊上香引主祭官於神位前立引贊跪叩首捧香生跪進主祭官受香拱舉授接香者上炷香於爐又上瓣香畢引贊叩首興復位行二跪六叩禮各官俱隨行禮興奠帛行初獻禮引贊詣

天后神位前立引贊跪叩首奠帛捧帛生跪進主祭官受帛拱舉授接帛者獻引贊獻爵執爵生跪進主祭官受爵拱舉授接爵者獻畢引贊叩首興引贊詣讀祝位主祭官詣讀祝位立讀祝生至祝案

校注：①瘞

前捧祝版立於案右引贊跪主祭官陪祭官讀祝
生俱跪引贊讀祝文祝曰
維乾隆　年歲次　月　日朔越祭日某
官某致祭於
勅封護國庇民妙靈昭應宏仁普濟福佑群生天后
尊神曰維
神菩薩現身至聖至誠主宰四瀆統御百靈海不
揚波浪靜風平舟航穩載悉仗慈仁奉
旨崇祀永享嘗蒸茲屆仲春秋敬薦豆馨希神庇佑海
晏河清尚饗讀祝生讀祝畢捧祝版仍供案上引

贊行三叩禮各官俱隨行禮興復位通唱行亞獻禮如初儀不讀祝獻帛復位通唱行終獻禮與亞獻禮同通唱徹饌送神主祭官陪祭官俱行三跪六叩禮禮畢通唱讀祝者捧祝執帛者捧帛各詣燎位祝文在前帛次之主祭官傍立候祝帛過仍復位通唱望燎禮生引主祭官詣望燎所立視帛焚半引贊禮畢退班

周子祠儀注

祭期前一日委官省牲監視宰牲封帛薦毛血如前儀如祭天后①儀正祭日執事者先陳設祭品帛一鉶②

校注：①后儀　②鉶

一羊一豕一酒罇一白瓷爵三簠二簋二籩豆各

四黎明各官至

廟着緣服主祭官簽祝文盥手各主祭陪祭官各就

位瘞毛血如前儀引贊上香引主祭官於

神位前立引贊跪叩首捧香生跪進主祭官受香拱

舉授捧香者炷香於爐又上瓣香畢引贊叩首興

復位行一跪三叩禮各官俱隨行禮興通唱奠帛

行初獻禮引贊詣

關帝神位前立跪叩首奠帛捧帛生跪進主祭官受

帛拱舉授接帛者獻引贊獻爵執爵生跪進主祭

官受爵拱舉授接爵者獻爵引贊跪叩首興引贊

詣讀祝位主祭官詣讀祝位立讀祝生至祝案前

捧祝版跪於案左引贊主祭官跪陪祭官皆跪引

贊讀祝文

維乾隆　年歲次　月　朔越祭日　某官

某致祭於

先賢道國元公周子之神曰維

公道統師傳生當奎聚耀宋室之文明得孔庭之樂

趣陰陽變化既盡洩於圖書仁義正中亦根極於

二五上接洙泗下啓河洛獨闢中天大開來學雖

繼述端賴乎後賢而見聞首推乎先覺施茲閩海
繼以紫陽道山俎豆億萬斯年茲屆仲春秋謹以牲
帛醴齋粢盛庶品式陳明薦尚饗 讀祝生 讀畢捧
祝版仍供案上 引贊 行三叩禮各官俱三叩首興
復位 通唱 行亞獻禮如初獻儀 不讀祝獻帛 復位 通唱
行終獻禮如前儀復位 通唱 徹饌送神主祭官陪
祭官俱行一跪三叩禮禮畢 通唱 讀祝者捧祝執
帛者捧帛恭詣燎位 讀祝生 捧祝 執帛生 捧帛祝
文在前帛次之俱送至燎位主祭官傍立候祝帛
過仍復位立 通唱 望燎 禮生 引主祭官至望燎所

讀祝帛焚半引贊禮畢退班

祭名祠廟儀注

凡祭

火神

康親王祠

貝子祠其省牲封帛三獻拜跪焚燎諸禮如祭

天后之儀祭

褒忠祠

賢良祠節孝祠

先賢先儒祠如祭周子祠之儀其牲牢黍稷鉶鐏籩

豆諸陳設亦同

附祭各祠祝文

社稷壇祝文

維乾隆　年歲次　月　朔越祭日　某官某

致祭於

社稷之神曰維

神奠安九土粒食萬邦分五色以表封圻育三農而

蕃稼穡恭承守土肅展明禋時届仲春秋敬修祀典

庶丸丸松栢鞏磐石於無疆翼翼黍苗佐神倉於

不匱尚饗

耕耤祭先農祝文

維乾隆　年歲次　月　朔越祭日　某官某

致祭於

先農之神曰維

神肇興稼穡粒我烝民頌思文之德克配彼天念率

育之功當陳時夏茲當東作咸服先疇洪惟

九五之尊歲舉

三推之典恭膺守土敢忘勞民謹奉彝章聿修祀事

惟願五風十雨嘉祥恒沐於神庥庶幾九穗雙岐

上瑞頻書於大有尚饗

風雲雷雨山川壇祝文本郡城隍合祭於壇

維乾隆　年歲次　月　朔越祭日　某官某

致祭於

風雲雷雨山川城隍之神曰維

神贊襄①天澤福佑蒼黎佐靈化以流形生成永賴乘

氣機而鼓盪和肅攸宜磅礴高深長保安貞之吉

憑依鞏固實資捍禦之功幸民俗之殷盈仰神明

之庇䕶恭修歲祀正值良辰敬潔豆籩祗陳牲帛

尚饗

關帝②廟祝文

校注：①襄　②廟

維乾隆　年歲次　月　朔越祭日　某官某

致祭於

忠義神武諡神勇關聖大帝曰維

帝浩氣淩霄丹心貫日扶正統而彰信義威振九州

宅大節以篤忠貞名高三國

神明如在徧祠宇於寰區靈應丕昭薦馨香於歷代

屢徵異蹟顯佑群生恭值嘉辰遵行祀典筵陳籩

豆凡奠牲醪尚饗

後殿祝文

維乾隆　年歲次　月　朔越祭日　某官某

致祭於
關帝之
曾祖光昭公　祖裕昌公　父成忠公曰維
公世澤貽庥靈源積慶德能昌後篤生神武之英善
則歸親宜享尊崇之報列上公之封爵
錫命優隆合三世以肇禋典章明備恭逢諏吉祇事
薦馨尚饗
龍神廟祭祝文
維乾隆　年歲次　月　朔越祭日　某官某
致祭於

勅封福州濟應龍王之神曰維
神德揚寰海澤潤蒼生允襄水土之平經流順軌廡①
濟泉源之用膏雨及時績奏安瀾占大川之利涉
功資育物欲庶類之蕃昌仰荷
神庥宜隆報享謹遵祀典式協良辰敬布几筵肅陳
牲醴尚饗

火神廟祝文

維乾隆　年歲次　月　朔越祭日　某官某
致祭於
火德熒星尊神曰維

校注：①庶

尊神正位離明體陰用陽配坎福民有功民社祀典允
崇新茲届仲春秋敬薦豆馨惟望神靈默佑心曜含
精上報懷柔之
聖世下錫康吉於蒼生封牲酹酒　神其鑒此一誠
尚饗

康親王祝文

維乾隆　年歲次　月　朔越祭日　某官某
致祭於
康親王之靈曰日星河嶽鍾在
天潢智勇文武恭儉溫良協衷

惠獻綏我南方蕩平浙省爰靖閩疆逆藩授首黎庶安康歌衢舞巷簞食壺漿功垂萬世德實無量茲際孝①春改火順陽潔蠲崇報俎豆馨香尚饗春祭文

霜露既降萬寶告成維王勳德河嶽日星旣剪醜孽闔越以寧田疇樂利沐膏咏勤祖父被之孫曾亦云巍巍廟貌　靈爽式憑肅將秋祀來格來歆尚饗秋祭文

貝子祠祝文

維乾隆　年歲次　月　朔越祭日　某官某致祭於

校注：①季

寧海大將軍惠獻貝子之靈日和風正暖春露初霏

緬維

惠獻功德巍巍醜孽跋扈父老歔欷奉行

帝命肅將

天威掃除猖獗獨運神機勳垂閩海績紀常旂士民

感戴拜祝禱祈在庭陟降鑒此明粢尚饗春祭文

秋氣清肅皎日光輝緬我

惠獻奕奕金枝知仁且勇文武兼資恭行

天討梟獍掃鋤功成星殞閩人涕洟道山俎豆彔志

獲舒桂醑虔申歆格於斯尚饗秋祭文

賢良祠前殿祝文

維乾隆　年歲次　月　朔越祭日　某官某

致告於

寧海大將軍惠獻貝子之靈曰維

王勳業雲漢爭明巍巍華宇鬱鬱雲旌萬民謠頌聲

殷雷轟

九重寵錫煕逾日晶史乘載紀　賢良增榮揆諸祭

法允稱斯名啓佑後嗣理學宗盟文孫奕奕振振

豪英茲届仲春秋肅薦粢盛儀慚旅百鑒此微誠尚

饗

賢良祠後殿祝文

維乾隆　年歲次　月　朔越祭日　某官某

致祭於

提督福建全省陸路總兵官張公

少保兼太子太保提督福建全省水陸總兵官昭

武將軍謚敏壯楊公之靈曰維　靈文武憲邦公

忠體國當

皇朝之肇造心膂攸同値

列聖之丕承股肱作輔明良合德奮肅而庶績咸熙

中外宣猷敷澤而兆民永賴洵屬廟廊之碩望允

宜俎豆以明禮考績紀勳崇報昭垂於今典陳牲

奠帛馨香祗薦於歲時尚饗

褒忠祠祝文（祀①福建總督贈太子少保②謚忠貞范公③承謨以下四十二人詳祠廟門餘倣此）

維乾隆　年歲次　月　朔越祭日　某官某

致祭於

褒忠祠四十二公之靈曰於爍　諸公義勇忠貞曩

閩變逆殉難捨身見危授命合志同心

帝褒　諸公崇祀嘗蒸茲届仲春秋敬薦豆馨　神其

如在來格來歆尚饗

忠義孝弟祠祝文

校注：①福建總督贈太子　②謚　③承謨

維乾隆　年歲次　月　朔越祭日　某官某

致祭於

忠義孝弟之靈曰惟　靈稟賦貞純躬行篤實忠誠奮發貫金石而不渝義問宣昭表鄉閭而共式祗事懋彝倫之大性摯莪蒿克恭念夫顯之親情殷棣蕚模楷咸推夫懿德

綸恩特闡其幽光祠宇維　隆歲時式祀用陳尊簋來格几筵尚饗

節孝祠祝文

維乾隆　年歲次　月　朔越祭日　某官某

致祭於

①孝之靈曰維　靈純心皎潔令德柔嘉矢志完貞至閨中之亮節竭誠致敬彰闈內之芳型茹冰蘖而彌堅清操自勵奉盤匜而匪懈篤孝傳徽絲綸特沛乎殊恩祠宇昭垂於令典祗循歲祀式薦尊醪尚饗

鼇峯書院先賢祠祝文

維乾隆　年歲次　月　朔越祭日　某官某致祭於

五賢之神曰大道之南濂洛開先克繼鄒魯睿實惟五

校注：①節

賢閩海洋洋扶輿蜿蜒篤生大儒接踵比肩尊聞行知確守師傳高山景行萬古昭宣末學仰企崇報彌虔講席聿啓春誦夏絃光昌理學如日中天茲當仲春秋敬設俎筵祀事孔明典禮莫愆尚饗

鰲峯書院二十三子祠祝文祀楊龜山胡文定游廣平李忠定王信伯胡致堂羅豫章劉屏山劉白水李延平李西山胡五峯胡籍溪林拙齋廖槎溪蔡西山黃勉齋蔡九峯陳北溪真西山陳晦伯蔡虛齋黃石齋

維乾隆　年歲次　月　朔越祭日　福建某官致祭於

先儒二十三子之神曰大道之南有開必先繩①

校注：①繩繼

繼賓維後賢閩海扶輿磅礴蜿蜒篤生

大儒接武比肩高山景行寰宇翕然剏茲桑梓式禮

宜虔洪惟

盛世樂育陶甄昌明正道日月中天講院大啓春誦

夏絃羨墻先哲寤寐勤拳茲當仲春秋肅敬明禋尚

饗

鰲峯書院張陳二公祠祝文

維乾隆　年歲次　月朔越祭日　某官某致

祭於

禮部尚書原任福建巡撫謚清恪張公

贈禮部尚書原任福建巡撫謚清端陳公之神曰

天佑

聖朝篤生偉人經綸素裕忠孝性成相繼秉鉞福被

全閩講院肇起人文化成前徽式廓鐘鼓振聲澤

流藝苑俎豆薦馨千秋仰止高山儀型茲當仲春秋

敬陳明禋尚饗

鰲峯書院蔡公祝文

維乾隆　年歲次　月朔越祭日　某官某致

祭於

禮部左侍郎贈尚書謚文勤蔡公之神曰維

公業贊

璿①闈道光圖史繼儒術之淵源作士林之模楷功感樂育化洽菁莪兹當仲𥟖之吉敬奉明靈永光俎豆尚饗

嵩山書院六賢祠祝文祀周程張邵朱六賢

維乾隆　年歲次　月　祭日　某官某致祭於

六賢之神曰道統莫盛於孔②𨵗理學獨興於宋代大聖往而微言已絶

六子出而正學有宗太極通書之微天人畢貫西銘正蒙之旨體用皆全居敬窮理以爲功正心誠意

校注：①璿　②門

以爲學闡圖書而經世揭日月於中天當聾聵之俱開洞淵源之有自兹當仲春秋之月謹以牲帛香楮用昭常祭尚饗

嵩山書院喀公祠祝文

維乾隆　年歲次　仲春秋月　祭日　某官某

致祭於

太子太保兵部尚書浙閩總督謚莊恪喀公之神曰

偉哉我

公天挺人傑歷外臺持幢擁節澤洽東南化①行閩浙邵業郁兩竝沐恩膏養而旦②教樂育英髦書院

校注：①化　②且

肇建鼓舞甄陶遠矣前撫李𢩦常褒㦲公嗣之有加無損造士情殷𢹂縟諄懇人思遺愛永世勿忘春秋禋祀蘋藻薦芳神其鑒此來格來享尚饗

祭厲壇文

維乾隆　年歲次　月朔越祭日　某官某致告於

城隍之神曰普天之下后土之上無不有人無不有鬼神人鬼之道幽明雖殊其理則一故制有治人之法即制有事鬼之道念厥冥冥之中無祀鬼神

昔爲生民未知何故而殁其間有遭兵刃而損傷者有死於水火盜賊者有被人取財而遇害者有被人強奪妻妾而死者有遭刑禍而負屈死者有天災流行而疫死者有爲猛虎毒蟲所害者有爲饑餓凍死者有因戰鬭而殞身者有因危急而自縊者有因墻屋傾頽而壓死者有死後無子孫者此等孤魂死無所依最堪憐憫或依草附木或作妖爲怪徘徊於星月之下悲號於風雨之中今迎

尊神以主此祭謹設壇於城某茲當　月上中下元佳節

謹備牲醴羹飯專祭本鄉縣闔境無祀鬼神等衆靈

其不昧來享此祭凡或一縣人民倘有不孝不賤
倘法欺善種種奸邪不良之徒神必報於 城隍
發露其事使遭官府輕則笞決杖斷重則徒流絞
斬若事未發露必遭陰譴使舉家必遭災害如有克
孝克睦守法爲善正直之人神必達於 城隍陰
加護佑使其家道安和農事順遂父母妻子保守
鄉里我等官如有上欺
朝廷下枉良善貪①財作弊蠹政害民者 靈必無私
一體昭報如此則鬼神有鑒察之明官府非諂諛
之祭尚饗

校注：①貪財

祀土地祝文

維

神秉鈞司土福庇一方保茲民社永用阜康今當仲春秋謹以牲醴用伸常祭尚饗

按記云無本不立無文不行祭祀之禮誠敬本也儀節祝辭文也非文無以輔質故士冠載三加之命士昏記六禮之辭至於周禮太祝小祝皆掌祝號以事鬼神祈福祥文之不可已也如是前誌詳載祭祀諸儀而於祝辭或未之備爰稽福建祀典明文以附於末俾

習禮者有所考焉

福建續志卷十四終

福建續志卷十五

祠祀一

記有之治人莫急於禮禮莫重於祭是故聖人懷柔百神設禱祀壇墠祝號有儀禮樂有等自天子達羣士庶人各修其所宜祀敬而不黷民以物享何其嚴也三代以後齊明之道衰於是假史巫以邀①福利巫保族纍諸布遂嚴之屬莫不受祀蓋其將事也漸輕而祀之也愈瀆勢使然矣閩故粵地有吳楚尚鬼之風然

國家吉禮所頒郡國所守有其舉之莫敢或廢而

校注：①邀

先哲車服禮器往往存焉且夫百物之精昭明旁魄苟功在民物雖坊庸表畷尤將報以尊俎況其大此者哉因繼前志擇其近典者列之於編續祠祀志

福州府

名宦祠名見前志在府學東祀宋蔡襄謝泌程師孟曾鞏柯述孫覺胡銓程邁張守張浚注①應辰陳俊卿張汝愚梁克家辛棄疾陳居仁蔡幼學楊長孺真悳秀魏了翁王鎔湯漢吳革洪天錫徐明叔吳淵吳潛元董文炳高興程鉅②夫藍光劉直內韓準王惲

校注：①汪　②鉅

王翰李士瞻明湯和陶垕仲鄭湜楊景衡謝肅呂
升魯穆劉廣衡丁俊劉喬唐瑜馬文昇游明羅倫
劉子敏沈訥劉大夏潘璜邵銳查約陳珂陳錫汪
文盛吴昻䰟榮葉溥歐陽鐸胡有恒劉玉章懋朱
衡江以達舒芬金賁亨宗臣敖從儉龐尚鵬何維
栢商爲正林烈許子良馮光陸方垓姜寶蔡國珍
趙參魯高從禮汪垍韓儔劉日升許孚遠聶豹蕭
良譽范淶李雲曾守周保金學曾陳惇湯兆京柴
祥耿定向耿定立譚昌言項宗壽吴仕周順昌陳
子貞①孫大壯饒景輝王世懋何繼高毛焯袁一驥

校注：①貞

陸卿仕沈儆炌黃臣佐莊應會杜應芳徐日久王
尚學王豫張明正徐卽登馮燧裘壤楊茂先葉龍
光陸完學侯堯封王政新汪循龍周泰峙鄒維璉
馬邦良周昌儒章簡黃立言李思誠閔洪學張時
徽宋堯武吳之屏胡文靜 國朝佟國鼐陳錦陸
懷玉丁文盛王原膴祖建衡佟國器周亮工馬得
功孔自洙李率泰宜永貴金光祖陳啟泰趙廷臣
范承謨郎廷相吳興祚楊鍾岳于成龍王國泰張
所志張仲悳董世琦佟國瑶丁蕙高日聰興永朝
石文炳汪楫王之儀遲維城汪薇沈涵傅秉鼎金

堉生石日琮李斯義張伯行黃秉中范時崇李發甲蔡祚週陳璸呂猶龍黃裕璸

按壇廟祠宇凡前志已書非新有改葺例不重載而名宦鄉賢二祠①前志未列其人非愼重秩祀之意爰②校郡縣志冊載入以得祀先後爲次其他祠廟前志未書而神績顯著功烈及民者增之或僅載其名而事實未備者補之餘皆不載

鄉賢祠前志名見在郡學櫺星門西祀唐林愼思宋陳襄鄭洙鄭穆周希孟陳烈劉詵許將孫奕林槩王回

校注：①前　②授

陳祥道鄭俠劉康夫劉彝林之奇張觷李芘李彌
大李彌遜黃祖舜陸祐李綱陳孔碩陳剛中朱倬
黃龜年黃璹黃幹王蘋鄭昭先鄭湜楊宏中陳貴
誼陳韡陳公益徐範趙以夫許應龍潘柄鄭性之
林用中黃洽李韶唐璘趙汝騰林希逸潘牥林存
陳藻①林公遇高應松朱牧黃師雍陳暘元林泉生
林興祖吳海明鄭珞林誌洪英林元美陳景著葉
福林鈍孟玘謝琚高瑶王佐吳伯章姚銑趙榮李
興林迴鄭同陳鈍周傑黃鎬林王俊陳紀林泮林
玭林瑭林廷玉許坦周熊宋宣翁晏林廷選倪珽

校注：①藻

姚琎許天錫鄭伯和林廷楊馬聰鄭善夫李廷儀

劉世揚廖世昭陳達鄭漳王禺舒汀陳暹袁成龍

陳謹齊啟和唐震陳則清謝源林春澤陳子文陳

良鼎袁宗耀謝賛林庭機馬森林爊鄭世威鄭澄

林舜道周亮吳文華黃應鍾張經洪世文鄭雲鎣

陳璧趙奮施觀民翁興薛夢雷　國朝余正健方

開鐸方逵陳丹赤陳瞱曾大升蔡世遠

忠義孝悌祠　在郡城興賢鋪　國朝雍正元年建

祀忠臣義士孝子悌弟見前志　乾隆六年重修

賢良祠　在屏山見前志　祀　國朝惠獻貝子福喇嗒

少保提督軍務諡敏壯楊捷總督閩浙諡莊恪喀爾吉善巡撫福建諡敏惠潘思榘乾隆六年脩

節烈祠　在府南門甕城見前志　祀節婦烈女　國朝雍正元年建乾隆六年修

褒忠祠　在西湖謝坪嶼爲傳經書院故址　國朝乾隆六年改建祀贈太子少保兵部尚書諡忠貞范承謨贈王爵海澄公黃芳度累贈大學士諡忠烈高天爵贈通政使諡忠毅陳丹赤贈工部右侍郎諡忠毅陳啓泰贈太子少保總兵官歐陽凱贈太子少保總兵官諡忠壯朱天貴贈太子少保總

兵官吳萬福累贈太學士嵇承仁贈太僕寺卿王之儀張瑞午監察御史蕭震翰林院庶吉士張松齡贈布政使司參議王萬鎰贈按察司副使高舉贈按察司僉事李塤贈按察司副使喻三畏贈按察司僉事劉嘉譽贈國子監助教王龍光贈國子監學正范承譜沈天成總兵官黄翌副將王進許雲參將羅萬倉遊擊游崇功孫文元贈遊擊廖有功贈都司僉事蔣鈖進士施大晁葉有挺舉人劉渭龍守備胡忠義馬定國千總林文煌蔣子龍陳元趙奇把總林彦石琳李葳吉林富

康親王祠　在元市下鋪祀　國朝和碩康親王康熙十六年建

惠獻貝子祠　在烏石山祀　國朝惠獻貝子宗室福喇塔乾隆四年總督閩浙德沛建

關帝廟　在古仙宮里見前志　國朝雍正十一年總督閩浙郝玉麟巡撫趙國麟建祀漢壽①侯各朝累封三界伏魔大帝順治二年加封忠義神武關聖大帝乾隆二十五年從山東按察使沈廷芳之請定謚神勇

天后宮名見前志祀天后后姓林氏莆田人宋都巡檢愿

校注：①亭

季女事詳前志方外宋元明累封天妃　國朝康
熙十九年加封護國庇民妙靈昭應宏仁普濟天
妃康熙二十三年加號天后乾隆二年從總督郝
玉麟請加號福佑羣生乾隆二十年從冊封琉球
國使翰林院侍講全魁請加號誠感咸孚一在南
臺宋宣和時建雍正十一年總督郝玉麟巡撫潘
思榘重修　一在水部門明時建乾隆十九年重
建將軍新柱有記　一在南臺霞浦乾隆二十八年延平
士民建巡撫定長有記　一在雲門山元時建乾隆二十
三年修

閩越王廟　在釣龍臺西見前志乾隆三年重修布政司王仕任有記

龍神廟　在九仙山見前志祀福閩滋應龍王　國朝雍正二年建乾隆二十七年修

火神廟　在華林坊又稱離明殿祀火德之神　國朝乾隆二十四年修

風神廟　在東門外乾隆三十一年建

睢陽廟　在道山亭西祀唐東平忠靖王張巡明萬歷中建

周子祠　在關王舖祀宋先賢周子敦頤宋時建

國朝乾隆十一年巡撫周學健修

五子祠　在鼇峰書院祀宋先賢周子二程子張子朱子　國朝康熙四十六年巡撫張伯行建

六子祠　在嵩山書院祀宋先賢周子二程子張子邵子朱子　國朝乾隆十七年鹽法道吳謙誌建

道南祠見前志　在光祿坊初祀宋先儒楊龜山宋寶祐六年建明成化元年副使游明奏先儒羅豫章李延平先賢朱子配祀嘉靖中副使金賁亨朱衡先後奏二程子爲正祀後圮副使金立敬重建萬歷八年廢萬歷十三年巡按御史楊四知奏復萬歷

三十八年　國朝康熙二十四年乾隆二十三年俱重修

胡氏五賢祠　在藤山麓祀宋先儒胡安國及子寧宏寅從子憲　國朝康熙四十五年　賜額乾隆三年巡撫盧焯重修

二十三子祠　在鼇峰書院正誼堂西舊爲六子祠康熙四十六年巡撫張伯行建祀先儒游廣平胡五峰黄勉齋陳北溪陳布衣蔡虛齋六子乾隆六年巡撫王恕採道原統緒増祀楊龜山王信伯林少穎羅豫章李延平李西山胡文忠胡籍溪胡致

堂劉屏山劉白水李忠定祭西山蔡九峰廖槎溪負西山黃石齋十七子於考志書院乾隆十七年考志書院圯巡撫陳宏謀攝糧儲道徐景熹合祀十七子於六子祠爲二十三子

劉文靖公祠　在洪塘三光市舖祀宋儒劉子翬宋時建　國朝乾隆十八年總督喀爾吉善巡撫陳宏謀從祠裔劉世源請以劉勉之劉爚劉炳配

林文昭公祠　在驛西舖祀宋先儒林之奇已見前志　國朝乾隆十七年修

陳古壹①祠　在西關外祀宋儒陳襄已見前志　國朝乾

校注：①靈

隆十一年修

劉氏諸賢祠　在鳳岡初名五賢祠祀宋儒劉彝劉康夫劉藻劉砥劉礪五人後增祀劉嘉譽劉世南劉子烋已見前志　國朝乾隆二十三年修

李忠定公祠　在北關外屏山祀宋丞相謚忠定李綱舊燬　國朝乾隆二十七年重建

羅豫章祠　在聯榮鋪祀宋儒羅從彥已見前志　國朝乾隆八年修

陳北山祠　在府學射圃祀宋儒陳孔碩已見前志　國朝乾隆二十三年修

黃勉齋祠　在府學射圃祀宋儒黃幹字直卿閩縣人舊在烏石山西明嘉靖間移今所　國朝乾隆十年二十七年修

黃公祠　舊在北門祀宋儒黃幹字尚質長溪人燬於火　國朝乾隆十七年改建龍山左所

樟隱祠　舊在東街祀宋儒祝穆字和父謚文修新安人　國朝康熙元年燬於火後移祀龍山左所

薛文清公祠　在烏石山麓祀明儒薛瑄

阮公祠　在歸善里祀宋太守阮彌之見前志　國朝乾隆二十四年重修

柏姬廟　在通津門右元至正間明兵下福州行省郎中柏帖穆爾引妻妾登樓諭以大義死者七人其女與焉後人憐而祀之

林公祠　在南禪寺旁祀明知州林滇滇知濮州靖難兵入不屈死妻陳氏抱牒自焚　國朝特予專祠雍正七年乾隆十七年先後重修

崇報祠　在九仙山祀明都御史林廷玉副使高文達正德時衛卒進貴倡亂廷玉文達有定亂功里人請立祠祀之　國朝乾隆元年重修

報功祠　在九仙山祀贈太子少保謚恭敏馬森以

定郭天養等軍變萬歷九年建祠　國朝乾隆六年修

殷公祠　在郡城西祀明巡撫殷從儉萬歷三年建

葉節愍公祠　在烏石山祀明給事中葉福明季建　國朝乾隆四年二十七年修

張襄愍公祠　在西關外洪塘祀明總制尚書諡襄愍張經萬歷二十八年建　國朝乾隆九年二十七年修

陳忠毅公祠　在西關外荷亭祀　國朝贈工部右侍郎諡忠毅陳啟泰及妻劉氏啟泰爲巡海道與

妻殉耿孽之難康熙二十三年奉勅建乾隆九年二十七年修

陳忠毅公祠　在凱寧鋪祀　國朝贈通政使浙江温處道謚忠毅陳丹赤以殉耿孽之變康熙二十三年奉　勅建祠乾隆九年修

董公祠　在府學射圃祀明戶部侍郎董應舉崇正十四年建　國朝康熙二十八年雍正元年乾隆三年二十七年修

張南津祠　在中山麓祀明兵部員外郎張孟中萬歷四十一年推官周順昌建　國朝乾隆十四年

巡撫潘思榘重建

姚公祠　在河口祀明給事中姚銑　國朝乾隆二十七年修

宋公祠　在東關外祀明户部主事宋宣舊燬乾隆二十七年重建在烏①石山老鴉壑②

北廟　在北関外祀唐將劉行全唐末時神妻兄王緒爲秦宗權所逼拔其軍南徙以神爲先鋒至漳州緒忌而殺之王審知有國痛其非辜立廟州北多著靈異乾寧四年封武寧侯梁貞③明五年加封崇順王宋政和二年知縣吳與重建

校注：①石　②壑　③貞

按前志靈顯廟所載神事蹟未實今從吳與廟記改正

白馬廟　在雲程山祀山土神神嘗乘白馬拯溺風濤中航海者多乞靈焉

張陳二公祠　在鼇峰書院康熙四十七年學者以巡撫張伯行有剏建書院功於正誼堂後肖像祀之康熙五十年别構祠講舍之東祀巡撫陳瑸乾隆十七年攝糧儲道知府徐景熹以陳公與張公合祀號二公祠

喀公祠　在嵩山書院祀　國朝總督閩浙謚莊悋①

校注：①恪

喀爾吉善

九君書院　在烏石山陽　國朝康熙中閩士以督學沈涵造士公廉構書院爲祠以涵苕溪人故名涵辭不可乃奏祀宋先儒楊龜山游定夫胡文定羅豫章李延①年蔡西山蔡九峰黃勉齋真西山九賢而以明福建學道②歷工部尚書謚襄敏沈儆炌配閩士後聞涵卒並以祔祀又肖像於後堂乾隆九年奉　勅修廿九年侯官知縣段炌重修（蔡世遠有記）

六賢祠　在郡城西三十里白石頭鳳山書院祀先賢周程張邵朱六子　國朝初建歲久傾圮乾隆

校注：①平　②道

二十八年邑人葉飛龍等重建縣志

蔡公祠　在鼇峰書院祀　國朝經筵講官禮部侍郎贈尚書謚文勤蔡世遠山東按察使沈廷芳有記以上倚郭在閩①侯二縣

三賢祠　在晦翁巖石門巖故名龍峰祀宋先賢夫子宋儒劉砥劉礪昔朱子避僞學至此砥礪師事焉後入②祭祠祀之　國朝乾隆八年知縣袁儒忠修

黄勉齋祠　在青山下祀宋儒黄幹　國朝乾隆二十七年修

三忠祠　在江田祀宋陳榮及其子宗傳姪老成以

校注：①閩　②人

殉難百七十三人配明時建　國朝乾隆二十三年知縣賀世駿修以上在長樂縣

一拂先生祠　在西關外祀宋監安上門鄭俠明正德十五年建　國朝乾隆元年修

戚公祠　在縣西門內祀明少保戚繼光明時建　國朝雍正十一年重修

仰止祠　在鳳皇山麓祀明大學士謚文忠葉向高以上在福清縣

東平王廟　在縣治後祀唐東平忠靖王張巡明嘉靖時建

祠山行祠　在玉泉山祀漢張渤唐宋累封祠山昌福真君宋嘉定三年建

康王行祠　在郊坂祀宋彭國軍節度使康保裔明永樂時建

靈惠廟前志名見在新安里祀宋將黃裳裳於德祐時與元兵戰洪塘死之初立廟永福龜嶺後移建於此明建文三年賜額

按前志嘗載是廟而神蹟脫漏今從縣志補之

遺愛祠　舊在東湖山左祀唐知縣劉達①宋知縣鞠

校注：①達

仲謨見前志明嘉靖三年改建湖西寺以明知縣歐陽瀚里人林堯祔　國朝康熙十一年又祔祀署知縣王紹芝知府王之儀乾隆三年重修以上在連江縣

昭佑廟　在羅平里石塘祀唐寧德人黃岳黃巢寇閩民避地者無所衣食聞岳行誼從之如歸王審知辟爲僚佐不就朱溫篡唐岳赴水死邑人立廟祀之宋時賜額元至正間修以上在羅源縣

顯應廟　在縣東北二十五里祀宋縣令黃師益紹定六年賜額封靈佑侯

熊公祠　在三保祀明谷口巡檢熊彥廸彥廸南昌

人永樂時爲谷口巡檢永福寇起據桃花洞全閩震撼彦廸率官兵擒其酋長餘黨悉平擢南京兵馬指揮嘉靖中建祠

陳公祠　一在三保一在南關一在黄田祀　國朝知縣陳璸俱康熙四十年建以上在古田縣

周公祠　在縣學東祀明知縣周煥萬歷三十六年建以守城死難邑人黄楷林居美林大有鄭俊祔以上在永福縣

興化府

名宦祠名見前志　在府學左祀五代賈鄯①宋段鵬曹修

校注：①郁

劉諤詹時升廖剛張讀吳偉明汪待舉張允蹈鍾
離松潘時姚康朝汪作礪趙彥勵何紘吳厚①王居
安吳炎王克恭曾用虎楊夢信張友王元春楊棟
章炳文郭汝賢劉子翬顔振仲王孝遵劉汝舟魏
公壽黄禹錫薛季廖德明王保隆陳仲微陳宇祝
洙段全凌景陽謝天民鄭昭叔周椿年趙不敏趙
公綢葉文炳莊夢說蔡次傅黄巖孫元烏古孫澤
張仲儀李約盧端智明盖天麟李椿徐濟周宗璲
潘本愨岳正薛雲漢潘琴丁鏞王弼馮馴張旭升
劉忠朱海徐則敬孫敗董彬黄敏歐陽寧丁繼宗

校注：①厚

任溢董仁仲雷應龍陶謨祝致和葉承遇胡克恭
葉叔文郭貞臧貴歐陽憲蔡宗袞樊義張斯林敦
忠黃一道許琯范梅楊璉葉觀沈鎜吳達董士宏
陳效李茂功楊銓李大觀朱袞張琦周大禮譚鎧
雷禮莊則孝殷宗器徐希明羅應辰孫圻祁彪佳
宋熹張時徹顧思敬王彝黃讌張侗蕭宏魯周希
程穗廖鎔韋煥陳大有關玉成　國朝賴宏祖熊
伋范承謨李斯義金光祖金培生沈涵

鄉賢祠各見前志在府學右祀唐鄭露林藻林蘊林贊歐
陽詹黃滔徐寅翁承贊陳嶠鄭積五代詹敦仁宋

陳靖陳繹方愼言方偕陳鑄蔡襄蔡高方峻方嶠
方次彭薛利和茅知至郭淇余象黃中庸黃隱陳
次升陳昭素朱紱朱宗傅楫徐鐸卓厚①徐師仁蔣
雝姚宗之傅淇薛元鼎林沖之林郁林積仁林豫
林成材阮駿宋棐方廷實王希亮王回葉顒鄭厚
林澧林大鼐林廸林宋卿郭義重方信儒宋藻謝
洪陳讜蔡洸鄭樵鄭勲陳淇黃公度陳俊卿陳覺
民林光朝龔茂良余崇龜傅誠劉夙劉翔蘇洸陳
亨運林枅鄭僑陳次升陳大卞鄭可學林象黃鍾
劉彌邵陳均方大琮張彌林師立薛奕林子立王

校注：①厚

邁劉克莊鄭寅吳珏吳叔告黃績方演孫陳昭度
陳昜陳大年陳吉老陳惟剛林震陳可大蔡樞陳
夢烈方公袞方澄孫黃仲元陳沂蔡懋傅佇蕭欽
陳仲剛陳大亨陳瓚陳文龍李富卓德慶葉大有
謝升賢陳諒元陳旅顏長卿林以順郭道卿郭廷
煒明吳源林圭顏文鄭雲陳道潛陳賢吳陽保林
嵒曾景修林長懋盧質中黃壽生林環黃賜楊慈
陳用陳陳中佘耀黃謙林榮鄭濟黃察林文方熙劉
武方瀞翁世資柯潛陳淮陳璲林長清陳暄陳銓
周瑛顏孟喬嚴淦林恩承黃譽徐文溥鄭立林漢

方守陳敬彭韶吳智楊琅吳希賢黃仲昭林正黃

璉陳鋮陳音林誠林永齡宋端儀林元甫彭甫陳

仁林有年鄭寶廖惠徹黃瀾劉文暘林俊陳茂烈

鄭岳林茂達周宣陳傑馬思聰黃鞏方良永林文

俊林士鳳劉閔馬明衡鄒守愚陳祥麟林學道姚

鳴鸞黃思永林祥鳳林堪鄭一鵬朱淛魏一恭陳

一通郭湍康大和林雲同郭□□廖梯吳紳彭大

治柯維騏李德用林汝永唐維城陳瑛林大槐林

允宗吳泮王鎰唐喬遠鄭汝舟鄭玉彭文質鄭大

同鄭鳴珂林民止林准林奎林澄源林燫章林光

庭林瑆林有孚林堯俞吳日曜陳軒陳其志陳騰
鳳陳健陳經邦潘應龍林大猷方在淵周詰周焻
黃諫卿黃景星黃騰春盧廷選李宗著張澤張敷
典侯清戴士衡程拱辰游雲鴻宋萬葉宋光台黃
敬甫鄭氏產陳升李梁陳燧鄭紀陳遷鄭照顧元
何誠傅啟徐經茅陽陳雄顧雍戴震亨鄭主忠張
文鎬　國朝彭鵬唐仁晉徐南

天后宮前志名見祀護國庇民妙靈昭應宏仁普濟福佑
羣生誠感咸孚天后事詳福州府天后宮一在湄
州嶼后之故里宋時建　國朝康熙二十年總督

姚啟聖重修　一在涵江徐霞明境康熙己丑年建乾隆四年修

五賢祠　在郡城西洞橋頭祀先賢周程張朱五子國朝雍正四年諸生鄭文炳建復置租充祭乾隆二十八年文炳子貢生士仁重葺縣冊

文昌祠　在郡城譙樓西明　爲界外平海衛學所祀厥後學燬於倭①遂移祀於此歲久傾圮　國朝乾隆五年諸生鄭帝眷等重建二十九年帝眷姪國學生清芳續葺縣志

太和廟　在興教里吳朝祀唐何玉宋紹興時②後

校注：①倭　②建

殿明隆慶壬申重建增祀宋知軍事蔡襄劉誇曾用虎又稱世惠廟

世惠祠名見前志在梅峰寺西祀宋方信孺方迼方軫方嘻方廷實方大琮明方良永方獻夫明正德庚辰巡按御史沈灼建乾隆二十五年增祀方萬有

彭公祠　在武城舖祀　國朝巡撫彭鵬以上在莆田縣

忠惠祠　舊在尊道堂祀宋端明殿學士蔡襄嘉定間知縣葉文炳建後移牛山之麓

鄭公祠　在後崗祀宋編修鄭樵宋時建

陸公祠　在香田里祀宋左丞相陸秀①夫初建祠楓②

校注：①陸秀　②楓

亭友甫之醴泉後移祀於此

仙宮　在金石山祀唐眞人呂巖明崇正時建即宋侍制傅楫舊游處　國朝康熙二年知縣顧琎乾隆十三年知縣陳興祚先後重修

邱公祠　在興泰里羅漢巖祀宋知興化縣邱鐸宋紹興間建

王公祠　舊在保福院西祀宋御史王回字景深元祐時爲御史在黨籍中又有王回字深父嘉祐時爲衛眞尉二人同名今所祀乃字景深者也紹興十一年知縣陳致一建後圮今一在崑崙山巔一

在大帽山前

遺愛祠　在東郊祀明知縣王彝正統時建後以知縣朱一化游瑚典史蕭廖鎔並祀

龍江先生祠　一在拱橋一在城西一在隔口祀明郡人林兆恩兆恩勸獎爲善不遺餘力所賑施全活甚衆邑人德之爲立祠有禱輙應

英烈廟　在折桂里祀明諸生柯一鼇

恤勞祠　在城隍廟後祀明烈士劉君芳隆慶元年建

報恩祠　在東郊祀明少保戚繼光暨從軍死事三

百餘人嘉靖時建　國朝順治九年重脩增祀撫軍譚綸監軍汪道昆知縣陳大有典史陳賢及崇正癸未義士岳震楊應春林萬榜鄭緝綿楊載林日暹溫君羽僧曇喜

崇德祠　在上巷街祀　國朝贈知州徐萬實雍正五年奉　勅建以上在仙遊縣

泉州府

名宦祠名見前志在郡學明倫堂左祀唐常衮薛昱趙正趙棨趙昌姜公輔五代詹敦仁宋喬維岳韓國華陳靖宋文炳方愼中葉實沈周蔡襄鄭俠陳可

大黃琮傅佇黃彥輝游酢朱松胡大正孫夢觀杜孝淵許廷彥劉子羽楊幹陳康伯黃瑀趙令衿黃樸余武弼朱熹范如圭陳俊卿趙子淵趙必愿程大昌葉立志林枅顏思魯王大朋汪大猷孫昭先杜純倪思陳珙方阜鳴陳宓趙彥侯周珒眞德秀李方子宋鈞鄭鼎新李韶徐鹿卿顏振仲趙汝騰鍾國季趙鼎游九功程卓孫逢吉葉顒元烏古孫澤林廣發偰玉立廼穆泰雷燦陳駿龔名安王翰明高紹孟林文玉李鳳俞器蔡錫尹玄熊尚初歐陽復張津董儀洪葆武成王貞時執亮馮翼陳永

年應履平余慶温琇何復陳宗全潘靖聞禎路亨

徐英蔣濬張遜張鐸康永韶方汝榮張伋陳廷忠

黃濟李銳冼文淵歐陽初黃綰潘拔戴玠余表古

彥輝包原明章文陳恩曹環朱文簡霍球顏賢顴

可久俞咨伯熊伋熊汝達丁一中陳龍翊李侍問

朱炳如陸一鳳盧仲佃劉純仁林騰鵠沈振龍孫

朝讓　國朝周亮工叢蔭①坤范承謨段應舉王得

英王育賢高日聰姚啓聖吳興祚沈涵金培生王

萬祥沈朝聘

鄉賢祠名見前志在郡學明倫堂左祀唐歐陽詹宋韓琦

校注：①蔭坤

蘓緘陳從易曾公亮曾孝寛蘓頌呂夏卿柯述曾
懷李郲留正梁克家許升王力行張讀陳知柔諸
葛廷瑞諸葛清直傅察傅伯成莊夏曾從龍洪天
錫呂大奎邱葵莊彌堅莊彌劭莊彌大徐明叔陳
瓘留恭留元剛元諸葛晉莊元晰夏泰明劉嵩陳
章應朱鑑崔惠黄寧楊智蔡清謝洞李聰顧珀田
嵒林同王宣蔡祐李源陳琛張岳史于光黄偉張
文應黄希顔林𡸣周天佐張志選林性之易時中
莊士元蔡元偉邱養浩蔡克廉何元述黄光昇陳
道基王用汲張冕莊用賓林一新史朝宜趙琉林

鉞藨士潤林蔚材秦廷惟林敦忠史朝賓藨濬趙
恒周標何烱李纘吳從憲陳一道翁堯英薛天申
吳安生倪維哲陳道曾何觀莊敏李汝嘉馮亮詹
源田崑劉孔宗吳應宗黃璦諸葛駿謝光陳惠黃
濬詹皖薛時通李逢期黃澗王愼中王春復陳讓
黃喬棟朱安期許宗鎰黃德洋鄭一鸞黃養蒙史
朝富江萬仞鄭良璧李瀾丁自申李應元王任重
黃憲清郭維賢蔡國柄林雲龍蔡一槐李繼芳莊
國禎林喬相林燉藨士濬陳師顏傅夏器張堯黃
伯善歐陽模吳龍徵龔雲致林欲厦楊道賓何喬

遠諸葛應科劉宏寶陳瑛吳夢相王畿蔡增譽李范廉鄭沛潘洙蕭茂相蕭茂杓陳亮采鄧鑣黃國鼎謝望鑯蕭茂祉王寅揆張朝綱周思兼李仕亨程光陽洪猷蔡賢徵郭龍蔣光彥陳鳴華許學宗陳文方龔時應金時舒蕭朝陽李瓚李廷森諸葛義吳韓起劉廷焜鄭邦佳張奇峰傅纖洪澄源黃道瞻林欲楫　國朝吳如綸郭天錫施世綸

東嶽行宮　在府治仁風門外鳳山之陽祀東嶽神宋紹興二十二年尚書張汝錫建明萬歷三十五年按察副使姚尚德知府姜志禮重建

忠義廟　在府治東鳳山麓祀漢壽亭侯關帝唐東平忠靖王張巡荆州大都督許遠宋紹興中宗室趙汝錫建後增祀宋司空謚忠勇蘄鍼鄂國忠武王岳飛華文閣待制謚文節趙卯發信國公文天祥左丞相陸秀夫少傅樞密副使張世傑

忠孝祠　在府學大成殿西祀唐福唐尉林攢宋贈司空謚忠勇蘄鍼宋嘉定十二年郡守真德秀建

朱子祠名見前志　在府治東蔡巷祀宋先賢朱子舊在泉山書院正德十一年知府葛恒移建於此國朝康熙間修乾隆六年知府王廷諍重建

眞文忠公祠名見前志在府治東衮繡鋪祀宋郡守眞德秀舊在行春門内與招捕使陳韡合祀明嘉靖三年提學副使邵鋭知府高越即廣靈廟址改建

羅文毅公祠　在府治北梅石書院祀明儒羅倫嘉靖八年知府顧可久拆淨眞觀改建

蔡文莊公祠　在府治學宫西祀明儒蔡清隆慶四年知府朱炳建

歐陽四門祠　在府治北萼輝鋪祀唐四門助教歐陽詹明成化十八年建萬歷時知府邱浙實子傅蔡善繼先後重修

五賢祠　在府治城隍廟左祀宋郡守韓國華子魏國公琦贈僕射王易子沂國公曾先賢楙國文公朱子旁有亭文公講學之所即小山叢竹亭也

王文忠公祠　在府治東衮繡鋪祀宋郡守王十朋乾道中建　國朝康熙五十二年知府劉侃乾隆六年知府王廷評修

青陽八賢祠　在晉江縣二十八都祀元進士夏泰明進士李聰唐府教授蔡黄卷吉府紀善李逢期太僕寺卿莊用賓通判莊尚稷户部侍郎莊國楨景州知州李伯元後增祀禮部主事吳韓起

陳紫峰祠　在府學東祀明提學僉事陳琛萬歷五年知府姚光泮建

周忠愍公祠　在府學東祀明户部主事周天佐

顧公祠　在府學西祀明侍郎顧珀天啟六年建

國朝乾隆二十六年修

何鏡山祠　在府學前祀明工部侍郎何喬遠崇正五年建

蔡忠毅公祠　在府學東祀明長沙推官蔡道憲

國朝康熙四十九年建

何忠壯公祠　在郡治蔡巷祀明亳州知州何爕

國朝乾隆十五年建

三翁廟　在晉江縣三十七都祀神四一衣青一衣黄一衣黑旁一人衣紅相傳宋末時有三老隨少帝至此少帝遇害俱觸石死里人拾其遺骸葬之令其旁衣紅者里人也　以上倚郡在晉江縣

威惠廟　在潘山市祀唐贈豹韜衛大將軍潁川侯陳元光元光固始人嗣聖三年爲嶺南行軍總管兼領漳州刺史討陳謙餘黨戰歿百姓制服哭之立廟以祀贈豹韜衛大將軍開元四年追封潁川侯宋建炎四年賜額威惠　以上在南安縣

報惪祠　在縣學内祀明巡撫王忬初名王中丞祠萬歷十三年建　國朝康熙間改今名兼祀總督范承謨巡撫李斯義布政使金培生

青山靈應廟名見前志在二十六都祀三國吳將張悃悃嘗禦寇是山人爲立廟宋建炎中采石之戰空中大旗題神姓名虞允文訊青山人從軍者得神蹟上聞詔封靈惠侯入祀典妻葉氏封昭順夫人景炎元年加封靈安王夫人加顯慶妃以上在惠安縣

按是廟曾見前志而悞載神爲僞閩時將又未詳封號始末今從閩書①改正

校注：①書

慈濟宮　在積善里白礁祀宋里人吳本①本生太平興國中以醫活人歿後肖像祀之乾道二年賜額慈濟明永樂中封保生大帝

風神廟　在廈門祀風伯乾隆二年總督郝②王麟奏建

三忠廟　在洪塘祀宋信國公文天祥左丞相陸秀夫少傅樞密副使張世傑以上在同安縣

忠勇祠　在還集里祀宋鄭振振於紹興中禦寇死鄉人祀之

榕村祠　在閬山麓祀　國朝大學士諡文貞李光

校注：①倭　②玉

以上在安溪縣地

福建續志卷十五終

祠祀二

漳州府

名宦祠名見前志在府學內祀唐丁儒盧如金宋綦崇禮廖剛胡銓李彌遜劉才邵傅伯成趙汝譡危稹趙以夫章大任莊夏蔡襄趙師虙趙萬陳知柔敖陶孫顏頤文天祥元魏亦顏明潘琳王仲謙錢古訓甘瑛謝騫張瓚姜諒汪鳳陳洪謨鍾湘詹瑩唐九德汪康謠閔夢得曹埜周鐸吳糊李畿嗣龍遂王禕曹澤陳思賢顧斌伍希閔杜啓劉洪謨邵梗蔡

國珍沈銳胡來順姚應龍　國朝范承謨姚啓聖
李斯義吳執忠蔣龍光張翼鵬高日聰金培生靳
治揚

鄉賢祠　在府學內祀唐周匡物潘存實宋蔡瑗劉
衍李亨伯黃彥臣王聚材黃碩蕭韡顏師魯鄭公
顯王遇吳獬孫昭先黃樵仲黃櫄顏頤仲丁知幾
顏敏德李唐咨楊士訓顏耆仲高登石洪慶林易
簡施允壽鄭耕元吉才陳君用明林林弼胡宗華郭
惠王昇胡春同顏寶汪凱謝璉王源李貞林震陳
疊林雍蔡浩周宣潘榮郭舒王爕周瑛陳爵陳宏

陳惠林同魏富沈源吳原戴昞洪異洪晢林浩楊表高琅吳仕典戴時宗陳鎮晟劉駟鄭深道林瑜蔡乾登蔡文呂旻林士章王龍吳善蔡烈潛鳴時柯應鳳陳富周一楊陳華桉王學孝王會蔡應科徐鑾趙懷玉周起元鄭懷魁蔣孟育蔡宗周呂貞王志遠李棠柯挺王應麟戴以讓馬鳴起凃一榛張爕魏呈潤柯彦柯元伯　國朝劉勃張福衍

旌忠祠　在府學西祀明贈兵部侍郎謚忠愍周赳

元崇正時勅建　國朝康熙四十六年修

南臺廟　一在府城内西濠之濱一在錦江之北埭

祀漢閩粵王騶無諸漢書朱買臣傳云東越王南徙去泉山五百里居大澤中故相傳閩粵王受冊封於南臺在今漳州地立祠祀之淳祐志稱武濟廟宋累封英仁武烈忠顯鎮閩王

嘉濟廟　在府城東坂後祀後漢石敬純其父勤勤季弟也嘗帥兵擊燕以牛昌隱讒見殺敬純方幼偕母崔氏謫居海上及長知父死讒遂討昌隱斬之立廟於此屢見靈異唐宋累封元賜額嘉濟以上俱郡在龍溪縣

朱子祠　在射圃之西祀先賢朱子明嘉靖五年推

官黄直建後燬　國朝康熙十七年重建

忠勇祠　在八都盤陀嶺①明嘉靖四十三年都督戚繼光追倭寇至無象舖官兵傷死者八十餘人繼光與巡海道周賢宣立祠祀之隆慶五年以從征會一本陣亡指揮朱璣及王世實戴守陳文標劉大有合祀　國朝康熙二十七年知縣楊遇康熙三十七年知縣陳汝賢重修以上在漳浦縣

龍公祠　在港口祀明知縣龍國錄萬歷四十年分守道劉洪謨建以上在海澄縣

天后宮　在東門内祀天后舊在南河之滸圯於水

校注：①嶺

國朝乾隆二十五年知縣李浚原移建於此以上在南靖縣

王陽明祠名見前志舊在儒學西南隅祀明先儒王守仁嘉靖三十三年知縣趙進建崇正六年知縣王立準移建東廂外　國朝康熙五十年知縣郭廷彩重修以上在平和縣

將軍廟在良峰山麓祀唐贈豹韜衛大將軍潁川侯陳元光元季燬明嘉靖中遷祀縣南關內以上在詔安縣

延平府

名宦祠　在府學內祀宋劉滋曹修古程博文張嚳林積劉子翼李子淵嚴有翼黃標余嶸陳宓黃埒徐元杰元趙葦文富明唐鐸胡壽昌申泰雷誠孟劉盛顛鄭時沈棨夏英蘇章孫衍廖紀歐陽鐸戴冠屠僑裴椿沈鑾陸相儒管大勳陸深徐階楊樞蔡國珍宗臣姚謨奚世亮翁興賢吳家瑞

鄉賢祠　在府學內祀宋陳世卿張若谷周諝黃裳曹輔廖剛陳麟張致遠鄧祚陳淵黃復吳儀吳熙陳選范旺鄧肅李信甫陳儕范廸簡張晉陳君用明鄧文鏗陳山黃立葉宜吳恭黃琛劉漳羅明蕭

源胡璦黄焯廖中游居敬林騰蛟李杏田一儁吳道宣羅雲麟邱憲章嚴九岳吳必學徐尚卿羅明祖林以文鄧明志甯善林鐘鳴

游先生祠　在普安里祀宋先儒游酢明嘉靖中知府沈槃建又號定夫書院

羅文質公祠　在社溪里祀宋先儒羅從彥宋時建

李文靖公祠　在九峰山麓祀宋先儒李侗舊爲延平書院後燬　國朝順治十四年重建

惠應祠　在縣治西祀隋泉州守歐陽祐祐洛陽人義寧二年守泉秩滿西還至邵武聞隋亡耻①事二

校注：①事

姓全家溺水死鄉人收葬立祠祀之

永慕祠　在東門大溪東祀明知府孫衍知縣陸嵩以上係府在南平縣

二賢祠　在縣治西祀宋儒廖剛廖德明又稱二賢書院以上在順昌縣

楊文靖公祠　在封山之麓祀宋先儒楊時初宋咸淳二年邑人馮夢得以先生載道而南奏建度宗賜額龜山書院仍詔郡縣給田養士明嘉靖三年御史簡霄以立雪堂爲傳心堂增祀二程子以游廣平居東龜山居西配享萬歷十一年廢天下書

院以御史楊四知奏得不燬　國朝順治十三年重修

穆公祠　在將樂縣祀隋汀州刺史穆蕭肅江南人聞隋亡義不事二姓投金谿水死邑人義之歛葬砂磧立祠祀焉宋淳祐中賜額顯應

忠臣祠　在縣南郊祀閩將劉瓌瓌嘗帥兵至將樂聞閩已降南唐衆推瓌爲主瓌不納自刎死衆就墓建祠明嘉靖三十四年知縣唐自化以景泰初千户徐昇有守禦功配祀　國朝順治十六年分守建南道孔自洙重修

陳公祠　在縣治北祀宋知縣事陳攄宋時建咸亨四年賜額旌福以上在將樂縣

陳忠肅公祠　在西門外後薛坊祀宋諫議大夫陳瓘建炎中建後以右正言陳淵配享

羅豫章祠　在和仁坊祀宋先儒羅從彥明洪武丁丑建崇正丁酉以二十七代孫羅明祖配享國朝康熙五十三年乾隆十二年先後重修

朱子祠　舊在城西後薛坊祀先賢朱子後燬國朝康熙戊辰改建水南坊乾隆十九年重修

黄忠壯公祠　舊在學宫側祀宋先儒黄復復通判

滁州守城殉國總制趙葵奏請立祠後毀於兵

國朝乾隆八年改建城西後薛坊

東嶽廟　在龍池坊祀東嶽神　國朝乾隆三年知縣謝冊庸等重修

天后宮　在城西無雙坊祀天后　國朝乾隆十三年知縣汪壛率士民建

陳公祠　在天王寺祀宋統制陳敏明時建以上在沙縣

延平先生祠　在貢川祀宋先儒李侗　國朝順治十二年提學副使孔自洙建

朱子祠　在東山祀先賢朱子　國朝康熙三十六

年知縣梁文煜建

天后廟　在縣後山祀天后　國朝乾隆十五年千

總胡喬振董建以上在永安縣

建寧府

名宦祠　在府學左

鄉賢祠　在府學右

城隍廟名見前志在從化坊神唐時封昭烈侯以刺史張

文琮陸長源配祀宋崇寧初賜額顯應封城隍神

爲惠寧侯文琮昭應侯長源嘉德侯隆興中加封

城隍神號曰福應文琮號靈貺長源號顯應明洪

武二年封城隍神爲鑒察司民威靈公後抵①稱城隍之神鄉人列張陸二公祠於廟之左右宏治五年萬歷十五年三十七年先後重修後燬　國朝順治十年知府高攀龍等重建

李見羅先生祠　在城南紫芝上坊祀明巡撫都御史李材萬歷中材以直節謫戍鎮海衛時巡撫朱運昌巡按何淳之築室居之號清芬館材卒即以爲祠祀之

謝公廟　在崇安里祀唐京畿令謝彝甫肅宗時鳳翔府孟湜過境縱掠百姓彝甫斬之李輔國譖諸

校注：①祇

朝詔流建州卒葬於此代宗立夢彝甫自訴勅爲立廟賜額靈通以上倚郡在建安甌寧二縣

黃文肅公祠　在崇泰里祀宋先儒黃幹　國朝乾隆九年知縣左宰建

樟隱祠　在三桂里水南祀宋儒祝穆寶慶間建明萬歷間知縣魏時應重建縣冊

謝叠山祠　在水南橋祀宋江東提刑江西招諭使知信州謝枋得　國朝乾隆二十六年知縣劉蘭德重建以上在建陽縣

蔡九峰祠　在武夷一曲兜鍪峰下祀宋先儒蔡沈

明正德閒御史周文儀建以上在崇安縣

東平王廟　在縣治東一里祀唐東平忠靖王張巡

明正統三年建以上在松溪縣

李中丞祠　在縣治東祀唐銀青光祿大夫御史中丞知建州軍事李彥堅彥堅以禦寇死因廟祀之

宋崇寧閒賜額忠節

英節廟　在南門外祀唐招討使張謹乾符五年黃巢寇閩謹與偏將郭榮等十八人死之人爲立廟

宋崇寧中賜額英節大觀元年加封昭烈侯後累封惠應王　國朝乾隆二十五年重建以上在政和縣

邵武府

名宦祠　在府學櫺星門東祀唐陳巖宋陳舜俞胡棫

宋咸王洋趙時適王遂王埜王邁方澄孫張䎖趙

時賞張庚楊獬陳彭壽趙紡夫趙以夫葉寀徐範

元吳按攤不花郭璞明周中锡衛盛顒劉元宗臣

王佐陸勉鄧武李春方嵩周衡林興祖鄧德久甯

爲正馮孜夏英邱民範王鈁闞士選周之基韓國

藩潘師道楊汝翼沈徵炌徐時登蔣煇朱士景周

維洪賴嘉謨陶人羣馬昇江一桂何孟倫吳國倫

王逢元潘旦俞汝器　國朝姚啓聖周亮工覺羅

滿保王銘陳喆張瑞午汪薇沈涵柳文標何棟金培生高舉王興禹

鄉賢祠　在府學櫺星門東祀唐上官埳宋龔愼儀龔頴上官凝游烈黃通上官均孫諤上官愀黃中美上官愔盧奎何兌何鎬趙善佐謝師稷李夔朱震上官悟吳炎范如圭任希夷上官渙酉葉武子杜杲上官漁然危昭德季陵呂勝己嚴羽嚴粲李綱黃中龔極龔大上官鹽元吳海黃①鍾成李學遜陳泰朱欽甯堅吳言信蔡元貞李翔朱榮朱嘉穗

福民祠　在十九都上麓祀漢閩粵王騶無諸明永

校注：①鎮

樂時建嘉靖時重建

靈感廟　在四十八都祀閩王王審知長子延稟延稟守建州以善道化民有靖寇功民懷其德爲立祠宋累封顯正英烈佑順善濟王妻昭化慈惠夫人

呂侍郎廟　在城南靈臺坊祀宋侍郎呂祉祉建陽人紹興時劉豫子麟入寇命祉護合肥爲叛將酈瓊所害妻吳氏自縊人爲立廟賜額忠顯以上在邵武縣

三忠祠　在縣城祀國朝殉難知縣温光涵守備李化龍康熙二十二年建號雙忠祠乾隆二十三

年增祀明殉難巡檢許繕更號三忠

彰勇祠　在慶豐門外祀明巡檢許繕繕嘉靖中捕賊爲所害立祠祀之舊在水南嘉靖二十四年知縣何孟倫移今所

遺愛祠　在風教祠左祀明知縣馬昇江一桂何孟倫以上在建寧縣

報功祠　在城隍廟右祀明知府邵德久知縣熊鷁

忠烈祠　在水南街祀明主簿張彥聖以上在泰寧縣

汀州府

名宦祠　在府學左

鄉賢祠　在府學右

十賢祠　在文廟右祀宋先儒楊龜山游廣平羅豫章李延平胡文定朱子真文忠蔡西山蔡九峰黄文肅　國朝康熙間汀人爲提督學政沈涵建生祠涵辭不許命以其地祠十賢

大中丞祠　在城西南二里祀唐御史中丞伍正已明嘉靖二十四年建

晏公廟　在宣成里祀元文錦局長晏戍仔累封平浪侯

石湖廟　在新豐坊祀宋資政殿大學士范成大

吳公祠　在城東七里祀明知府吳文度宏治中建

邵公祠　在城東吳公亭左祀明知府邵有道嘉靖中有道治汀有惠政五見甘露之瑞郡稱大治民爲立祠

寇公祠　在府城外朝暉樓祀明推官寇從化天啓丙寅建

邱公祠　在羅漢寺前祀明知長汀縣邱民貴萬曆三十五年建

唐郡伯祠　在萬安橋祀明知府唐世涵崇正八年世涵守汀多善政民立祠祀之

朱公祠在府東郊祀明兵備副使朱大典天啓間建

笪公祠在府治西祀明知府笪繼良崇正間建以上倚郭在長汀縣

表忠祠在縣東五里峽石祀明祭酒張顯忠嘉靖間知府馬坤建以上在寧化縣

東嶽廟在塔背坊祀東嶽神元至元間建國朝乾隆二十年知縣宋偉修

惠烈祠名見前志在縣城祀明殉節知縣呂鏞正德間建以同死事鄒巡檢魏得禮鄧瑶配以上在清流縣

忠臣廟　在縣北柳楊大陂祀明推官王得仁正統中得仁以禦沙冦死邑人祀之

章公祠　在白沙橋東祀明知縣章宗實萬歷十六年以明知縣楊縉合祀以上在歸化縣

忠惠祠　在縣城祀明贈汀州府同知蔣璣以義士江環童圯俞世耶李賤生承差李元①豈等配以上在連城縣

福寧府

名宦祠名見前志　在府學左祀宋蔡高黄琮趙時焕方之泰潘中黄龜朋楊志劉鍾鮑遜黄格許光大姚東

校注：①豐

李澤民元王伯顏張齊賢阮宗澤明項智劉象萬

廷彬歐陽嵩馬廸趙廷松項喬黄晟黄燧龍存仁

君昌隆焦玉竺淵郭祚鵬吳廷珙胡富閔鶚李璿

李長汪珀金淵謝廷舉許士經孫勳鍾一元張璧

柴應賓享①文華李紀夏汝礪陸嵩埈李琯崔師訓

劉介齡羅文埥②覤永壽史起欽鍾丙郎秉中陳德

鄒許士經洪聖翼方孔炤凌義渠巫三祝揭重熙

徐丙晉郭淳熊伋程奎楊碁王茂蔡國禎王來聘

胡維中胡廷芳汪如玉汪茂錢士鼇王芋　國朝

范承謨沈涵高日聰吳萬福謝日昇

校注：①章　②靖

鄉賢祠（名見舊志）在府學右祀唐林嵩宋張叔振林維屏林湜楊楫孫調黃榦高松鄭君老楊復王都中羅從彥李侗元陳端孫林仲節林燧蔣悌生明鄭犧林珙陳富春孫翼鳳王薦黃裳憲黃師夔游朴國朝陳名蟠吳廷琪

朱文公祠　在霞浦縣祀宋先賢朱子　國朝乾隆十八年總兵富海知府鍾德知縣李珊建

海神廟　在龍首山祀海神明萬歷十一年僉事徐金昌建

火神廟　在西郊以火神與馬王旗纛神合祀　國

朝乾隆初建

龍王廟　在夫人橋祀明知州羅文靖萬歷十一年知州祝永壽建

姚公祠　在阜首祀　國朝太子少保總督浙閩姚啓聖康熙中建

義勇祠　在秦嶼祀明殉寇難張鸞山等四十三人明末時建以上在霞浦縣

關帝廟　在賓賢境明萬歷間建　國朝康熙五十八年知縣傅植乾隆十七年知縣夏瑚先後重修

朱韋齋祠　在紫陽書院祀宋先儒朱松　國朝乾

隆十一年建

博陸侯廟　在蘇洋祀漢大將軍博陸侯霍光邑人劉自宦建以上在福安縣

報功祠　在縣治西祀明巡撫都御史劉廣衡按察副使沈訥以義士劉良李球劉斌黄總黒童廣閏普英韋榮進劉回廣普要金留住吳友卿王海范住十三人祔亨成化中建

天后宫　在縣西街祀天后　國朝乾隆二十一年建以上在壽寧縣

臺灣府

名宦祠　在府學左

鄉賢祠　在府學右

朱子祠　在府學東祀宋先賢朱子　國朝康熙五十一年分巡臺廈副使陳璸建

文昌閣　在朱子祠後祀司祿文昌梓潼帝君　國朝康熙間建

風神廟　在西關外祀風伯　國朝乾隆四年分巡道鄂善建

五忠祠　在安平鎮祀　國朝死事副將許雲遊擊游崇①功千總林文煌趙奇奉把總李茂吉雍正五

校注：①崇

年副將陳倫炯建以上在臺灣縣

元帥廟　在觀音山援勦石祀唐東平忠靖王張巡以上在鳳山縣

忠烈廟　在玉峰書院左祀　國朝殉難參將羅萬倉及其妾蔣氏把總江光達乾隆二十五年建

龍王廟　在南門內祀福閩滋應龍王　國朝乾隆二十九年知縣胡邦翰建

三山廟　在燕霧保祀廣東潮州獨山明山巾山之①宋太宗時封巾山爲清化威德報　國王明山爲助政明肅寧國王獨山爲惠威宏益豐國王　國

校注：①神

朝雍正十三年建以上在彰化縣

永春州

名宦祠名見前志在州學左祀宋江公望黃彥輝林廷彥陳琪黃瑀元盧琦明溫琇杜柱葉玶陳見龍國朝胡萬鑑范承謨李斯義金培生蔡祚週沈涵

鄉賢祠名見前志在州學右祀唐盛均宋顏槦陳一新陳知柔陳樸蔡茲莊夏留正黃豐黃偉王冑柯述林萬藕升明鄭莊彥陳嘉謀顏溥顏廷榘李陽李應元李開藻

義烈祠在二十五都見前志祀明嘉靖中死南靖賊

難義士郭榮六郭景二潘學尤新五沈朝美杜榮茂廖時通陳乾瑞范文華藕端舉李成張周育藕舜寧藕甫進何廷燦陳朝宗張瑶章吳璇義莊廷實藕寵二朱祥逸鍾旺輝郭顯七郭惠四郭惠九陳德克林啓九劉富旺蔡玉智王元珍黄子孝陳顯清黄子明張元宗陳良凡三十五人以上在永春州

忠應廟名見前志在石礫鄉祀唐監歸德場顏仁郁仁郁本場人時政荒民散①仁郁撫之一年襁負至二年田萊闢三年民足用有詩百篇宛轉回曲歷道人情百姓歌之號長官詩殁爲立廟宋乾道二年賜

校注：①散

額忠應淳祐間加號孚祐以上在德化縣

按前志載是廟不詳其祀仁郁又悞作存歸化里今從閩書改正

龍巖州

名宦祠名見前志在州學內祀宋楊中立吳珏林介卿傅知柔元黃佐才明趙榮祖李昊韋濟陳熙謝思本周尚文林濟民陶博國朝金培生蔣龍光左峴

鄉賢祠名見前志在州學內祀宋周純龔原劉棠陳俌明林瑜王原劉銳林元藴孔機蔣輔邱昂藴鏸陳和黃芹蔡謨柯鑾連一貫王以通王尚質蔡夢說王

命璣柯元伯王命璿魏鳴　國朝章士頴

嘉濟廟　在州西官砦祀後漢石敬純事詳漳州府嘉濟廟宋時累封元賜額嘉濟

表忠祠　在州城西祀宋武顯大夫崔亮淳熙八年亮爲左翼統制以追寇戰死淳熙九年建祠紹熙二年賜額　國朝順治十三年知縣王有容重建

以上在龍巖州

按凡專祠書名兼祠書號名宦鄉賢忠義諸祠雖屬兼祠而欲使人知其姓名故亦書名至於修建例得詳紀第官修者記其人嘉其

能致力於神也民脩者則不復記力不盡出
於一二人不勝載也我
勅各次
覃恩凡名山大川賢哲名臣祠墓皆
賜祭脩治推仁旣廣不復備書若一切淫
祀尤不敢附入崇典禮也

兵制一

聖朝平一寓內剗除僭亂東南際海之區窮髮絶島罔不恬安厥居無燔燧擊柝之警顧虞夏之隆不廢武衛成周井田既立寓兵於農誠以遭逢至治而尊輔京師鎮撫四海折奸萌而遏寇略非設兵不可必然之勢也閩之兵制其來尚矣二漢之時祇立一都尉唐有府兵泉州設之宋禁廂諸兵在福建者漸廣元增府翼勝朝置衛然閩地當窮山距海氛祲易生往往恃梟豪以

作弗靖爰及我
國家撫安而區畫之然後專閫之臣貔虎之士標
分部領控馭水陸而防海尤密是故左扼沙埕
右聯南澳閩安五虎作晉安之藩維江口海壇
據莆陽之肘腋至於樞機全閩厥有銅山澎湖
廈門諸險外援東寧內蔽泉漳數者得而大綱
舉矣由是布遊防之旅飭戰守之具海圖萬里
纖塵不驚豈非有備無患太平長世之驗歟前
志述兵制不紀海防及郡邑兵防今特論而列
之其舊營之裁與制之日益修密者亦增載焉

續兵制志

唐

巡邏行臺總章二年歸德將軍陳元光奏置於漳泉郡之四境圖經一在興化仙遊鄉一在漳州安仁鄉一在漳州佛潭橋一在漳州新安里

泉山府兵開元十七年置有左右衛福州府志州東東毬場地今名廣飾營

經畧軍開元二十一年置玉海嶺南道福州經畧軍一千五百人

寧海軍唐書至德二年置經畧寧海二軍以刺史

爲防禦寧海軍使王海江南有軍十福州曰寧海軍

九龍軍　閩書乾符間黃巢入閩建州人陳巖聚鄉兵數千號九龍軍破走之萬歷福州府志朝廷因授巖節鉞置九龍軍邵武府志以黃連地置義寧軍以巖爲觀察使治永安

按三山志五季營壘故號班班猶在有全勝營今羅山寺百勝營今衣錦坊橫衝營今潤澤坊海路營今晉浦捉生營今仁慶坊護閩營今道山坊制置無攷又三山志王氏竊立龍虎天霸等六軍通鑑本末紀要閩立拱宸控鶴二都後又募壯士爲腹

心號宸衛都供係僞置附載於此

宋按宋指揮名縣①極多茲補前志所遺

牢城指揮　宋史以待有罪配隸之人三山志以二百人爲額

澄海指揮　三山志慶歷二年詔諸州置澄海兵大郡兩指揮各五百人

壯城指揮　宋史别爲一軍專治城隍三山志大城五十人小城三十人大觀初令帥府置壯城四百人望郡三百人州置三百三十人

有馬雄略指揮　三山志元符元年勅東南要郡添

校注：①號

置馬軍

按宋時福州有水軍指揮崇節指揮牢城指揮都作院指揮澄海指揮宣毅指揮剩員指揮威果第二十四指揮威果第二十五指揮教閱保節第一指揮不教閱保節第一第二第三第四第五指揮元豐間移第五指揮於泉州廣節指揮壯城指揮東南第十將有馬雄畧第十二指揮全捷第九指揮鎗杖手荻蘆寨水軍延祥寨水軍養老寧節指揮忠義民兵辛嶺甘蔗五縣水口四寨土軍甘蔗海口水口辛嶺

烽火南灣南日松林長溪寧德兩縣五縣寨劉崎十一巡檢司　興化有游洋屯軍太平興國中置威果指揮廣節指揮保節指揮壯城指揮牢城指揮剩員指揮寧節指揮　泉州有澄海軍宣毅軍威果第二十六指揮全捷第十指揮廣節指揮崇節指揮不教閱保節第五第六第七第八第九指揮壯城指揮牢城指揮寧節指揮剩員指揮殿前司左翼軍府志紹興十五年命統制劉寶討汀虔潮惠山寇泉士民乞留寶收勦餘黨詔本路帥司統領陳敏及汀漳二州兵合二千七百七十五人充殿前司左翼軍聽寶節制後益千五百人定駐

泉州福泉同巡檢即上福州甘蔗漳泉都巡檢四縣同巡檢三縣小兜石井六巡檢司土軍　漳州有福建路鈐司官鈐司府志總制一路八州軍馬置軍府於漳威果第十三指揮廣節第七指揮保節第十第十八第十九指揮殿前司左翼軍見上泉州時撥兵六百人戍漳葵岡寨軍寧海寨軍俱左翼軍將兵戍守四縣同巡檢中柵虎嶺南嶺大池沼海寨六巡檢司土軍　延平有威果指揮廣節指揮保節第十五第十六第十七指揮竿城指揮寧節指揮殿前司左翼軍嵢峽洛陽浮流巖前同巡

仁壽萬安黃土八巡檢司土軍　建寧有宣
毅軍威果第二十七指揮廣節第四第五指
揮保節第十第十一第十二第十三第十四
指揮豐國監指揮壯城指揮都作院指揮寧
節指揮左翼軍黃崎籌嶺盆亭麻沙水吉苦
竹仁壽七巡檢司土軍　邵武有威果指揮
水軍指揮同巡大寺水口永安明溪仁壽西
安永平軍口梅口十巡檢司土軍　汀州有
宣毅軍保節指揮殿前司左翼軍安遠北團
明溪黃梅三摺溪五巡檢司土軍福寧兵制宋時未設

府見福州永春兵制見泉延二府龍巖兵制見漳州

元

乾討虜軍　元史中統二十年發乾討虜軍千人增戍福建行省

江淮萬户府　元史中統十七年調江淮省下萬户府軍於福建鎮戍

亳州上翼　三山續志參正德福州府志至元二十四年移濟南東平萬户翼戍福建後爲亳州上翼

福興鎮守萬户　正德府志至元二十七年設一翁①福新萬户翼大德四年定例興化路令千户鎮守

校注：①名

亳州與福新輪委一年一更其汀泉漳等路並委百户至大元年又以沿海俱通番邦亳州與福新輪委萬户一員沿海上中下三流巡防半年一更

按福州府志有高唐冠州千户翼東平等路千户翼德州東昌千户翼濟南高唐千户翼濟寧安泰千户翼濟寧濮州千户翼東平濟寧千户翼濟南東昌千户翼永平德州千户翼濟寧建康千户翼上千户翼下千户翼中千户翼姚千户翼只里瓦歹千户翼哈剌哈孫千户翼制置無攷元史元貞二年部各省合并鎮守軍福建所置

省合爲五十三所

揚州合必軍泉州府志至元十九年調揚州合必軍三千人鎮泉州

湖州翼萬户府泉州府志設上中下三萬户府復以湖州翼萬户府來戍泉州有達魯花赤萬户副萬户經歷鎮武鎮遏司上中下千户所上下百户所等員上萬户府七翼中萬户府八翼下萬户府二十二翼

左副翼萬户府　府志職員與湖州翼萬户府同明洪武初調隸山東寧海衛

按建寧府志崇安縣有新附郢復二翼松溪

縣有建新郢復二翼邵武府志有鄧汀翼萬

户府制置無考

巡軍弓手 元史諸路府所轄州縣設縣尉司巡檢司捕盜所皆置巡軍弓手職巡邏專捕獲

明

衛軍所 明史天下既定度要害地係一郡者置所連郡者設衛閩書洪武元年置六衛於閩中曰泉州建寧汀州漳州邵武興化四年置福州都衛指揮使司建寧都衛指揮使司又置延平衛八年以福州都衛爲福建都指揮使司建寧都衛爲福建

行都指揮使司各置左右二衛十九年置建陽衛指揮使司前志府志俱不載閩省亦不詳裁革年月二十一年沿海置福寧鎮東平海永寧鎮海五衛大金定海梅花萬安莆禧崇武福全金門高浦陸鼇銅山懸鍾十二所又置福州中衛二十四年置武平千戶所將樂千戶所直隸行都司景泰五年調邵武衛後所置永安千戶所隸延平六年選行都司人員守備汀漳二府成化七年調漳州衛中所鎮海衛後所置龍巖千戶所十三年調建寧右衛前所置浦城千戶所宏治十七年調漳州衛後所置南詔千戶所

府志作嘉靖十年始置所萬歷二十二年改建寧行都司爲守備汀州府志成化間調汀州衛右所置上杭千户所

鎮守寨遊　閩書嘉靖四十二年設總兵鎮守春秋駐福州夏冬駐鎮東標下坐營官領一營二遊曰新前營標前遊營標後遊營轄中南北三路參將詳見前志及本志海防尋改中北二路參將爲守備萬歷四年設南灣副總兵二十年改北路守備爲參將二十三年改中路守備爲遊擊泉州府志明初水寨兵皆發各衛所軍更番戍守無定額其衛所之數大率五千六百人爲衛千一百二十八人爲千户所一百一十①人爲百户

校注：①人

所嘉靖間五寨水軍另募充數而衛與寨始分

按漳州府志有懸鍾水寨與懸鍾千户所同地海澄營在縣城東分水陸四哨以衛所官教練後六哨用浙兵統以把總海澄遊原係南路標兵本遊崇正元年改爲海澄遊泉州府志有語嶼遊管冬鳥等船二十二隻閩書有崙山遊萬歷間改北路遊設把總於此福寧府志有臺山遊萬歷間設前志俱缺又漳州府志有銅山遊汀州府志有威遠營巖前營制置無考

巡檢弓兵　閩書洪武二十年增設巡檢司分隸諸衛司兵曰弓兵初括民丁役之後以田賦差役嘉靖末弓兵多逃始減兵數

按各府巡檢司前志已備載考福州府志又有古田縣杉洋巡檢司泉州府志同安縣有田浦陳坑高浦塔頭苧溪五巡檢司延平府志沙縣有北鄉寨巡檢司

國朝

鎮守福州等處將軍

鎮守福州等處左翼副都統

鎮守福州等處右翼副都統　福州府志順治十三年始設福州駐防以固山額真郎賽及梅勒章京賽音達理等統兵鎮守十七年改固山額真爲都統梅勒章京爲副都統十八年撤回康熙十九年始設福州將軍副都統雍正六年增設都統一員分左右二翼轄四旗營曰鑲黃正白鑲白正藍俱漢軍領設協領四員參領四員防禦二十員驍騎校二十員按前志有副驍騎校二十員考駐防志及福州府志俱不載筆帖式三員領催二百四十二名前志作二百二十二名馬兵一千一百四十八名前志作一千四百一十八名步兵三百四十七

名乾隆十九年

恩賜漢軍兵丁出旗歸農及撥綠營入伍改設滿州

八旗營

八旗營鑲黄旗正白旗鑲白旗正藍旗正黄旗正紅旗鑲紅旗鑲藍旗

協領八員佐領十六員防禦八員驍騎校十六員

筆帖式三員

領催一百六十名前鋒①二百名馬兵一千二百名

步兵四百名匠兵四十名

俸餉乾銀一十四萬六千六百八十五兩零

水師旗營　駐防志雍正六年設駐劄閩縣洋嶼

校注：①鋒

兵額六百一十名將軍總督巡撫三標共撥入三百名海壇總兵閩安副將標下共挑入一百名餘二百名以駐防壯丁補足每歲春秋於三江口演習將軍副都統親往閱操

領催三十名旗兵五百五十四名教習兵二十四名清字外郎二名

俸餉乾銀一萬六千三百六十九兩零

將軍標左右二營福州府志康熙三十年設綠旗兩營雍正四年改左營守備為都司原設馬戰守兵二千名康熙三十五年裁戰兵四十名雍正七年撥守兵一百名歸水師旗營

左右二營馬步戰守兵額見前志

俸餉乾銀三萬六千九百十二兩零

總督閩浙軍務 福州府志總督原轄浙閩順治十六年專設康熙七年仍總督浙閩九年又專設二十七年改總督閩浙雍正五年仍專設十二年又總督閩浙標下中左右三營水師一營

中營馬步戰守兵共一千一百七名

左右二營額同

俸餉乾銀五萬八千六百七十一兩零

水師營 府志雍正九年撥駐劄南臺內督標三營輪撥兵

七百五十名水師提標中左二營輪撥水兵七十五名閩安①協左右營輪撥水兵七十五名步戰守兵額見前志趕繒船二隻雙篷船四隻哨船六隻乾隆十年羅星塔壁頭二汎哨船四隻改歸

水師營配防

俸餉乾銀一萬五千一百九十九兩零

巡防汛地　有中洲砲臺外委千總駐防　江邊塘　林浦塘　壁頭總塘把總羅星塔砲臺千總駐防姑蓭塘

峭門塘外委把總駐防瀛前塘

按林浦壁頭羅星塔姑蓭峭門等塘原係撫標左右營輪防乾隆十年題②准更換

校注：①協　②准更

巡撫福建軍務標下左右二營

左營馬步戰守兵共六百四十五名

右營額同

俸餉乾銀二萬五千六百兩零

左右兩營輪防汛地有魁岐汛　埔頭塘　鼓岐塘　磕坑塘　䏡頭塘　君竹塘

按以上六塘原係督標水師營巡防乾隆十年題准更換

福州城守營　左右二軍防守閩縣侯官古田屏南閩清永福六縣

左軍馬步戰守兵共一千一百一十名

右軍額同俸餉乾銀三萬五千八百一十四兩零

左右軍巡防汛地　有閩縣中塘　古田縣湯壽橋塘　谷口塘　嶺洋塘　秀嶺塘　三都口塘　羅灣塘　灣口塘　上洋塘　赤淋溪塘　嶺頭塘　半坑塘　羅坑塘　曹洋塘　闇林塘　巖頭塘　壽橋塘　舊鎮塘　杉洋塘　善德院塘　秀峰塘　牛頭塘　墻洋塘　石步坑塘　叢洲塘　富達塘　尋洋垻塘　教場門塘

屏南縣七房溪塘　葥壠塘　分水頭塘　上樓

塘　楊厝壑塘　嶺頭塘外委把總駐防　青陽塘　上潦

頭塘　熙嶺塘　下山口塘　隴村塘　棠口塘

上洋頭塘　溪坪塘　梨坪塘　巴地塘　甘

棠塘外委把總駐防　梅花地塘　閩清縣溪口塘外委千總駐防

洋頭塘　墘面塘　永福縣汰口塘　東洋塘

貫墟①塘　大樟塘外委把總協防

閩安鎮水師營　左右二營轄福州福寧二府沿海地

左右營步戰守兵額見前志

俸餉乾銀二萬六千四百四十七兩零

左右營巡防汛地　有閩縣亭頭塘　連江縣館

頭塘

校注：①墟

頭塘

長福營　左右二軍　府志左軍原福清營康熙二十七年改長福營設遊擊雍正八年改參將隸興化協乾隆二年改爲專城右軍原長樂營康熙二十七年改長福營設守備雍正十年改都司

左軍馬歩戰守兵共六百二十三名

右軍馬歩戰守兵共五百四十二名

俸餉乾銀二萬一百八十五兩零

左右軍駐防汛地　有長樂縣五竹塘　橫店塘

猴洞塘　嶺利塘　籌港塘　澤里塘俱屬右營

海壇鎮總兵官 標下左右二營 府志康熙十七年設援剿鎮爲中左右三營駐劄鎮東城十九年改海壇營二十二年移駐海壇二十七年裁中營將額兵歸左右兩營

左右營步戰守兵 額見前志

俸餉乾銀三萬六千六百五十一兩零

左右營巡防汛地 有東庠塘 流水塘 青灣塘 蘋灣塘 韓厝寮塘 俱左營陸汛 平潭水仙宮塘 羅角頭塘 漁塆塘 草嶼塘 壁頭塘臺寨 俱右營陸汛

連江營屬福寧鎮管轄

馬步戰守兵共七百五十名哨船三隻

俸餉乾銀一萬三千二百八十八兩零

駐防汛地　有大溪東塘　蓼沿塘　岵邊塘

灞水塘　中蓮塘　小滄塘　坡西塘　仁山塘

八塘俱康熙五　黄岐山塘　白沙塘

十八年新設

羅源營屬福寧鎮管轄

馬步戰守兵共七百五十名哨船二隻

俸餉乾銀一萬三千二百八十八兩零

駐防汛地　有朱洋塘　後溪塘俱陸汛

興化城守營　左右二軍　興化府志順治五年設左右兩協各置副將八年以右協官兵歸左協康熙六年改協爲鎮設總兵官轄中左右三營又設城守一營十六年統轄福興泉卲等處三十六年移設汀州以汀協來駐裁中營

左軍馬步戰守兵共九百六十一名

右軍額同

俸餉乾銀三萬二千五百八十一兩零

左右軍巡防汛地　有莆田縣三角埕塘　三角埕塘俱屬左軍　仙遊縣石馬塘　俞潭塘　黄宅汛

仙嶺塘　雙溪港汛俱屬右軍

陸路提督軍門標下中左右前後五營　大清會典順治三年設提督一員統轄全省水陸軍務康熙十七年專轄陸路

中營馬步戰守兵共八百五十四名

左右前後四營額同

俸餉乾銀八萬三千五百六十五兩零

中左右前後五營巡防汛地　有安溪縣羅渡塘　科名塘　霞村塘　內洋塘　皋溪汛　珍山汛俱屬中營　永春州上場堡外委千總駐防　沙洲外委千總駐防　吉溪

塘　高坪塘俱屬左營　晉江縣定公庵汛　西倉塘

石亭塘俱屬右營　德化縣內洋汛屬後營

泉州城守營　府志原設參將康熙二十三年裁二十七年以長樂營遊擊漳州城守營守備改設雍正八年改遊擊爲參將增設守備十年改守備爲都司

馬步戰守兵共八百三十三名

俸餉乾銀一萬四千七百六十七兩零

駐防汛地　有晉江縣御殿汛　東坂汛　南安縣董脚汛　八尺塘　嶺兜汛

同安營屬漳州鎮管轄

馬步戰守兵共八百六十二名

俸餉乾銀一萬五千三百八十五兩零

駐防汛地　有海埭汛　下尾店塘　赤嶺汛

角尾汛　埭頭汛　朱家園汛　烏沼塘　新塘

塘　苧溪塘　何山浦塘　方坑塘　安民塘

水師提督軍門　標下中左右前後五營　大清會

典順治初設康熙七年裁八年改設總兵官十六

年以海澄公管水師提督事十七年復設

中左右前後五營步戰兵額見前志

俸餉乾銀八萬五千五百三十六兩零

中左右前後五營巡防汛地　有同安縣東澳汛

劉營右後崎尾汛　後堀橋汛　鼓浪嶼汛　烏坑

圓汛　曾厝垵汛 俱屬前營　金雞亭汛　栢頭汛 俱屬後營

金門鎮總兵官　標下左右二營　大清會典原設

援①勦右鎮總兵官康熙十九年改金門鎮標下中

左右三營兼轄桐山楓嶺雲霄詔安海澄五營後

將桐山楓嶺改歸福寧鎮雲霄詔安海澄改歸漳

州鎮康熙二十七年裁中營

左營馬步戰守兵共一千一百四十三名

校注：①援

右營額同戰船各一十大隻
俸餉乾銀三萬六千六百二十七兩零
左右營巡防汛地　有晉江縣烏潯汛　永寧汛
福全汛　日湖汛　蚶江汛　後渚汛　徑邊
汛　惠安縣大岞汛　①獺窟汛　下埃汛　臭塗
汛　小岞汛　輞川汛　峰尾汛　沙格汛　同
安縣雙乳山汛俱屬左營　西岑汛　青嶼汛　西黃汛
俱屬右營
金門鎮標額外班頭一千六百名撥防臺灣淡水
澎湖等處三年輪換

校注：①獺

漳州鎮總兵官　標下中左右三營　府志順治四年設駐防總兵官十一年改中路總兵官康熙六年裁十六年復設二十二年復裁二十七年移漳浦右路總兵官駐漳州改爲漳州鎮轄中左右三營乾隆二十年改左營爲平和營以漳浦營爲左營改右營爲龍巖營以海澄營爲右營其左右二營遊擊仍駐漳浦海澄二營守備改駐府城

中營馬步戰守兵共九百五十六名

左營馬步戰守兵共九百六十二名

右營馬步戰守兵共九百五十六名

俸餉乾銀五萬六千一十五兩零

中左右三營巡防汛地　有龍溪縣　石井塘

大人廟塘　管橋塘　南靖縣湖山塘　碁嶺塘

湯坑塘　吳營社塘　山城塘　崎嶺塘　三

角徑塘俱屬中營　漳浦縣　舊鎮塘　小溪嶺塘

長橋塘　馬口塘　北門塘　羅山塘　下徑塘

飯盤塘　三古塘　甘棠塘　赤湖塘　南景

塘　將軍澳塘　積美塘　連江塘　崎沙塘

何家保塘　井尾塘　燈火澳塘　天鷄嶺塘

杜潯塘　五里牌塘　眉田塘　嶼頭塘　香山

嶼塘　南門塘　梅林塘　打石山塘　石敢當塘以上舊隸漳浦營見前志今營裁改屬左營　海澄縣　鎮海汛　港尾汛　海門汛　圳尾汛　旗尾汛　麥坑汛　白塘汛　坪嶺塘　燈心徑塘　古隴塘　留田汛　方林塘　橄欖嶺塘　土城汛　厚境汛　娘媽宮汛　南門塘　西門塘　祖山塘以上舊隸海澄營見前志今營裁改屬右營

漳州城守營　府志順治十一年設城守副將轄中左右三營康熙二十七年裁副將及中營改右營爲鎮標右營以左營爲城守營設遊擊乾隆十九

年改遊擊爲都司

馬步戰守兵共九百二名

俸餉乾銀一萬三千四百九十兩零

駐防汛地　有龍溪縣江東塘　石井塘　管橋塘　龍江塘　海澄縣　鴻福汛　洪礁汛　合浦汛　東厝汛　漸山汛　湖後汛　南坂汛　以上七汛原屬海澄營見前志今營裁改屬鎮城守營

平和營　原屬漳州鎮標左營駐防地　國朝乾隆二十年改爲平和專營

遊擊一員　守備一員　千總二員　把總四員

馬步戰守兵共八百名

俸餉乾銀一萬四千一百三十四兩零

巡防汛地 琯溪汛守備一員駐防 黃莊關汛 大協關汛 磜頭汛 崎嶺汛 赤石巖汛 松柏關汛 小坪關汛 霞寨塘 豐浦汛 舊縣汛 湯坑塘 黃井塘 洪瀨汛 挨礱石塘 南勝汛千總一員駐防 大水坑汛 車田汛外委千把總駐防 大溪汛 伯公座汛 大豐汛 冷水坑汛 雙溪墟汛 菴後汛外委千把總駐防

雲霄營 府志順治初年設參將康熙二十七年改

遊擊

馬步戰守兵共七百六十九名

俸餉乾銀一萬三千一百五十九兩零

駐防汛地　有梅花汛

詔安營　府志原屬中路鎮標撥防康熙二年定爲

駐防設遊擊守備乾隆八年添設守備駐紅花嶺

馬步戰守兵共八百八十三名

俸餉乾銀一萬五千二百兩零

駐防汛地　有琉璃嶺汛　前洋塘　赤嶺汛

紅花嶺汛　埤頭塘　合溪塘　白葉村汛　坪

路塘自紅花嶺汛以下俱係乾隆八年添設撥陸路各營兵一百一十名防守

銅山營　府志初設總兵轄中左右三營城守遊擊一營康熙二十三年裁總兵並中營改協鎮副將轄左右二營二十四年裁城守營二十七年裁協標左營三十二年改副將爲遊擊後又改爲參將

步戰守兵共一千一百九十一名

俸餉乾銀一萬九千九百七十兩零

巡防汛地　有狼牙山汛　沙洲杏仔嶼汛　溜

湾角汛　井尾湾汛　將軍湾汛　康美塘　西

浦墟汛　後林汛　港西塘

南澳鎮總兵官標下左右二營

四年移廈門鎮總兵并中左右三營官兵駐防南澳改南澳鎮旋裁中營左爲福建營右爲廣東營

步戰守兵志見前

俸餉乾銀

巡防汛地 有草寮尾汛 竹栖墩臺 澎嶼汛

俱屬左營

延平城守營 左右二軍隸建寧鎮管轄

左營馬步戰守兵共八百二名

右營額同

俸餉乾銀三萬九百四十四兩零

巡防汛地　有南平縣　金砂塘　茶洋塘　岳溪塘　龍源塘　清風嶺塘　武步塘　嵢峽塘　鐵場塘　蚊坑塘　九里潭塘　雙髻鴉塘　巨口塘　大演塘　遵教塘　羅源塘　嶋源塘　大盖塘　龍巖寨塘俱左營　西芹塘　發竹塘　漁船窩塘　沙溪塘　渡頭塘　青州峽塘　城門壠塘　高吳窩塘　黃埠塘　燕子巖塘　召口峽塘　陽浪石塘　鷓鴣口塘　吳坑塘　紫嶺塘　樟槎塘　篔簹塘　三連塘　長窠嶺塘

巖頭亭塘俱右營　順昌縣白砂嶺塘　陳坂塘
隻杉塘　高砂塘　石湖塘　白石塘　富屯塘
七臺塘　源頭塘　扶延山塘　山墟塘　仁
壽塘　將樂縣白土塘　黃亭塘　桃村塘　青
山岡塘　蛟湖塘　永康塘　隔嶺塘　老虎石
塘　白蓮塘　蕭坊塘　夾埖場塘　鐵嶺塘
孔頭塘　坑潭塘　其田塘　白砂塘　新嶺塘
鷓鴣塘　苦頭塘　夾頭嶺塘　馬嶺塘　尤
溪縣白蓮塘　嶺頭塘　中寨塘　蔣坑塘　大
排塘　漁坑塘　十四都塘　蕭坂頭塘　吉祉

塘俱左營 沙縣荆村塘 碧口塘 洋口塘 城頭塘 黃石塘 琅口塘 熱水池塘 三花塘 高砂塘 白柱塘 湧溪塘 倪居山塘 轉橋頭塘 吃水坪塘 永安縣桂口塘 西洋嶺塘 林田塘 横坑壠塘 張坊塘 曹遠塘 鷓鴣塘 三望岡塘 三折嶺塘 安砂塘 羅峰塘 溪口塘 新嶺下塘 七步石塘 蓮花山塘 安定橋塘 狗陽壠塘 栟櫚塘 天丞堂塘 莊頭橋塘 黃砂荇塘 新嶺塘 大田縣小湖塘 蕭溪塘 分水隔塘 西坑塘 石牌

㵎塘　龍背嶺塘乾隆四年添設　仙峰塘　龍宮㵎塘

溪仔坂塘　高才塘俱右營

建寧鎮總兵官　標下中左右三營　府志初設協

鎮轄中左右浦四營雍正十二年改設總鎮轄中

左右三營及延平協楓嶺營乾隆十七年調通省陸營馬餉乾銀各五

名歸入本標買馬拔補鎮兵

中營馬步戰守兵共八百九十三名

左右二營額同

俸餉乾銀四萬六千一百七十四兩零

中左右三營巡防汛地　有建安縣　埂尾村塘

外委千把總駐防　廼口塘　溪東塘俱乾隆十三年新設　壽寧縣
遂墩塘　大潭口塘　黃塘嶺塘　大山坪塘　建
池墩塘　鄭墩塘　青潭塘七塘俱乾隆四年設屬中營
陽縣　固縣塘　崇安縣　小漿①塘　長澗源塘
橄欖坑塘　長嶺塘　澄滸塘乾隆十四年新設　三港
汎塘　磻溪洲塘　小寺塘　嵐頭塘　嵐角塘
山坳塘　橋坪塘俱屬左營　政和縣　魏屯塘　胡屯
塘　九蓬塘　黃泥坑塘　熳溪塘　高山塘
上安溪塘　大石坪塘　廟口塘　安政坑塘
大溪塘　楊源塘　上村塘　倪屯塘　石門後

校注：①漿

塘　護田塘　東屯市塘倶屬右營

楓嶺營　府志順治十一年設爲專營不隸建協雍正十二年隸建鎮

馬步戰守兵共四百二十六名

俸餉乾銀七千四百七十兩零

駐防汛地見前志

邵武城守營　左右二營　府志左營轄邵武光澤二縣右營轄建寧泰寧二縣右營初設遊擊康熙二十七年改守備雍正十年改都司隸汀州鎮管轄

左營馬步戰守兵共八百三十名

右營額同
俸餉乾銀二萬九千二百九十八兩零
駐防汛地 有建寧縣源口塘 水南塘 楓演塘 瀾溪塘 都上塘 三都塘 軍口塘 功洋塘 渠村塘 蟠湖隘塘俱屬右營
汀州鎮總兵官 標下中左右三營 府志順治初設左路總兵官左右二營轄延建汀邵四府駐汀州康熙二年增設中營七年移駐漳浦改設城守副將轄三營三十七年復調興化鎮駐汀州裁副將中營馬步戰守兵共九百三十七名

左右二營額同

俸餉乾銀五萬四千三百一兩零

巡防汛地　有長汀縣長坑塘　水西塘　七良峽塘　黃舘鋪塘　湖口塘　九里嶺塘　林和地塘　竹子逕塘　虎忙嶺隘塘　策田塘　蔡坊堡塘　河田鐵山寨塘　石壁員瑠塘　牛牯石塘　百步塘　南田塘　鴛鴦塘　胡坑塘　畫眉塘　南蝦塘　大潭塘　車田塘　水口塘

靖遠塘　張屋塘　連城縣金雞嶺塘　塞竹隔塘　王城塘　太平塘　赤脚嶺塘　余畲塘

長坑塘　永定縣高頭塘　暗坑畬塘　戊子
橋塘俱屬中營　清流縣楊梅嶺塘　高風嶺塘　清
風峽塘　長空嶺塘　分水嶺塘　百步嶺塘
王華嶺塘　浮竹嶺塘　高地嶺塘　高陽嶺塘
寧化縣泉上里塘　歸化縣青竹塘　五通塘
黃泥塘　花園塘俱屬左營　上杭縣回龍塘　目
忌灘塘　鯉子湖塘　雞籠山塘　連城①河口塘
半店塘　大沽灘塘　信豐灘塘　南蛇渡塘
水埔塘　響石前塘　大灣鋪塘　安人凹塘
水草逕塘　觀音井塘　石灰嶺塘　將軍橋

校注：①原脫“縣”字

塘　武平縣三角鋪塘　石逕嶺塘　磜頭塘

遥岃塘　張坑塘　羅漢塘　河口塘　盤龍岡

塘俱屬右營

福寧鎮總兵官　標下中左右三營

中營馬歩戰守兵共八百四十六名

左營馬歩戰守兵共八百五十五名

右營額同左營

俸餉乾銀四萬七千一百八十兩零

中左右三營巡防汛地　有霞浦縣金臺塘　倒

流塘　官田塘　龍亭塘　杜家塘　官洋塘

五蒲塘　顏家洋塘　水北塘　黃沙塘　大金塘　龍家塘　職田塘　長壽塘俱屬中營　福安縣福嶺塘　壽寧縣龜潭塘　坪溪塘　新設塘俱屬左營　寧德縣八蒲塘屬右營

烽火營屬閩安水師營管轄

步戰守兵見前兵志

俸餉乾銀二萬四千八百兩零

巡防汛地有嵛山汛把總駐防

桐山營駐防福鼎縣

馬步戰守兵共七百五十九名

俸餉乾銀一萬三千四百三十二兩零

駐防汛地　有八尺門塘　南溪塘　虎頭鼻塘

東山嘴塘　林西塘　烏石門塘

臺灣鎮總兵官　標下中左右三營　府志康熙二十三年設雍正十一年議准照山陝沿邊例爲掛印總兵臺海見聞錄戍臺兵丁由內地三年按班抽換不准就地推補

中營步戰守兵共八百五十名

左營步戰守兵共八百名

右營步戰守兵共八百五十名

戰船一十九隻

俸餉乾銀府縣志俱不載

巡防汛地臺灣縣志先是城内外各汛塘係鎮標將鎮標三營兵撤回府治以資彈壓分防雍正十一年設城守營分防汛地

臺灣城守營　左右二軍

左右二軍步戰守兵見前志

巡防汛地　有寧南坊砲臺　大崎脚汛俱左軍

鎮北坊砲臺屬右軍　㘭官亭塘

南路營駐鳳山縣

步戰守兵見前志

巡防汛地有前鎮港

北路協鎮 中左右三營 臺海見聞錄初止一營設參將雍正十一年分三營改副將初駐諸羅縣雍正十①年改駐彰化縣

中左右三營步戰守兵見前志

巡防汛地 有諸羅山塘 水窩頭塘 白沙墩 秀才莊 南社 海豐港 打猫塘 他里霧塘 西螺塘 東螺塘 大武郡塘 燕霧塘 溪口 加拔仔 打鐵店 西港仔 含西港 卓家港 大線頭

校注：①一

淡水營駐防淡水港

步戰守兵見前志

駐巡汛地前志已載又有八里坌千總駐防　大甲塘　貓

盂　吞霄塘

臺灣水師協鎮　中左右三營

中左右三營步戰守兵見前志

中左右三營巡防汛地　有喜樹仔塘　茄藤仔

塘　①青峪闕砲臺

澎湖水師協鎮　左右二營

左右二營步戰守兵見前志

校注：①青峰闕砲臺

巡防汛地見前志

龍巖營 原屬漳州鎮標右營駐防地 國朝乾隆

二十年改爲龍巖專營

遊擊一員 守備一員 千總二員 把總四員

馬步戰守兵共八百名

俸餉乾銀一萬四千一百三十四兩零

巡防汛地 龍巖州雁石塘 山望嶺塘 汥水

溪塘 下老嶺塘 平林塘 林田關汛 丸車

溪塘 前林塘 盂頭塘 馬坑塘 大灣塘

博平嶺塘 白沙汛 漳平縣漳平汛守備駐防 ①永

校注：①永

福汛　茶林盂汛三汛原屬漳州城守營今改屬本營　寧洋縣馬山塘　坑原塘　山谷塘　十一湖塘　公館塘

蘸坂塘　小溪塘　賜福亭塘　城口塘　曳

船塘

舊設營衛附

提督總兵官初駐福州建甯將軍山西後移泉州

都司康熙十三年裁

屯局都司順治十三年裁

操捕都司順治十三年裁

掌印都司康熙十一年裁

福州左右中三衛鎮東衛掌印守備俱康熙五年裁

福清援剿鎮總兵官康熙二十二年移駐海壇

興化水師總兵官駐涵江康熙十三年裁

興化鎮守總兵官康熙五十六年移駐汀州

興化衛掌印守備康熙五年裁

平海衛掌印守備康熙五年裁

泉州總兵官順治十一年改爲隨征中路總兵官康熙六年裁

同安總兵官康熙五年裁

厦門總兵官康熙二十三年裁

泉州水師叅將康熙二年裁

泉州衛掌印守備康熙五年裁

永寧衛掌印守備康熙五年裁

陸路提標旗鼓守備順治十年裁

晉江營遊擊守備康熙十三年裁

洛陽橋營遊擊守備康熙十三年裁

圍頭營遊擊守備康熙十三年裁

浯嶼營遊擊守備康熙十三年裁

惠安營參將守備康熙二十四年裁

灌口龍江參將康熙二十四年裁

漳州中路總兵官康熙六年裁十六年復設二十二年復裁

海澄公標各營康熙十七年裁

江東橋副將康熙二十三年裁

漳浦右路總兵官康熙七年裁八年復設十六年復裁十七年復設二十七年移駐漳州

海澄左路總兵官康熙二年裁八年復設十九年裁

駐劄海澄水師提督康熙二年設八年裁

漳浦營遊擊守備乾隆二十年裁

海澄營遊擊守備乾隆二十年裁

漳州衛掌印守備康熙五年裁

鎮海衛掌印守備順治十八年裁

延建邵汀左路總兵官康熙七年裁

延平衛掌印守備順治十八年裁

建寧左右二衛掌印守備順治十四年裁

邵武衛掌印守備順治十四年裁

汀州衛掌印守備順治十八年裁

福寧衛掌印守備順治十四年裁

臺灣道標營康熙二十三年設十六年裁

郵傳按前志以各府驛站附載兵制今考乾隆元年以後各府並無改設

福建續志卷十八

兵制二

海防 附

福建沿海形勢

方輿紀要福建東南皆據海東北至浙江温州府界西南至廣東潮州府界大海廻環約二千里福興泉漳福寧皆列峙海濱互爲形援 其西與潮州府接境者曰漳州府海在府南五十里而所屬詔安漳浦海澄三縣皆海濱要衝又東北爲泉州府海在府東南四十里而所屬同安南安二縣尤爲

要衝又東北爲興化府海在府南三十里又東北爲福州府海在府東百里而所屬福清長樂連江羅源四縣皆濱海之區又東北爲福寧州（按州今改爲府）海在州東六十里遠而北達溫州府

各府沿海形勢附

福州府

海防考福州境內有閩安鎭東定海關下娘媽宮濂澚鑑江舘頭小埕牛田東營後瀛松下大小祉諸處皆海口登犯之衝備禦之所

興化府

方輿紀要府東南皆海濱島夷有警府當其衝吉蓼①

平海三江其最衝也文甲嵌頭青山其次衝也

泉州府

萬歷府志泉郡濱海綿亘三百里與外島爲鄰其最險要宜防之地有三曰崇武在南安之東曰料羅在同安極東曰舊浯嶼在同安極南若崇武南之永寧料羅上之圍頭舊浯嶼北之擔嶼烈嶼南之卓岐鎮海又其次也

漳州府

方輿紀要興泉之境皆兩面瀕海惟府境與會城皆

校注：①蓼

三面瀕海故防禦最切

福寧府

方輿紀要環海三面三沙最爲險要沙埕稱首衝蓁嶼次之而泥坪防衛港口松山廹近州城桐山閭峽下滸諸處與連江之定海聯絡控制

臺灣府

臺海見聞錄臺灣大海環繞遠通江浙粵東近爲閩省外障後壠港與興化南日對峙竹塹與福清海壇對峙南嵌與福州閩安鎮對峙淡水與連江北茭相望鷄籠與福寧沙埕烽火門相望澎湖憑山

環海有五十嶼巨細相間迴環五十五澚

府志廈門至澎湖水程七更澎湖至鹿耳門水程五

更臺灣縣志往福州望北直去至闗安鎮水程一

十五更不用灣泊澎湖若從北路淡水西渡水程

僅七更半日可見福州之闗潼山

海國聞見録北自鷄籠山對峙福州之白犬洋南自

沙馬𥎊對峙漳州之銅山延袤二千八百里

理臺末議臺灣在福建之東南地隔重洋形勢延袤

遠望皆大山疊嶂莫知紀極

福建沿海兵防附

三山志宋嘉祐三年知福州事蔡襄奏請沿海地方
教習舟船以備海道
疏畧福興漳泉沿海四郡其
巡檢下兵士多不習舟船緩
急不足使令今除已行逐處修葺刀魚船各取現
管數目編籍外其兵級常切教習舟船暗會水勢
以備
差使

泉州府志靖康三年輔臣李綱奏立沿海水軍戰艦
疏畧臣契勘廣南福建路近年多有海寇帥司無
戰艦水軍坐視猖獗愚民嗜利喜亂從之者衆伏
望下逐路帥司置戰艦習水軍常切教閱習於風
濤之險以水夫駕舟以官軍施放弓弩火藥雖賊
櫂輕忽可以
追逐掩擊

三山志紹興三十年令安撫司籍募土豪水手漳泉
福興積募到船三百六十隻水手萬四千八百仍於

瀕海巡檢下土兵內取七分識水勢人每月一次同土豪水手船出近海港口教閱三五日復回本處

泉州府志淳祐三年安撫司措①置沿海諸州民船

明史洪武五年命福浙造海舟防倭二十年命江夏侯周德興抽福興漳泉四府民爲沿海戍兵得萬五千人移置衛所於要害處築城十六福州舊歷府志又於外洋設立烽火門南日山浯嶼水寨三

明史洪武二十一年命湯和行視閩粵築城增兵置福建沿海指揮使司五曰福寧鎮東平海永寧鎮

校注：①措

海領千户所十二曰大金定海梅花萬安莆禧崇武福全金門高浦六鼇銅山懸鐘二十三年令濱海衛所每百户及巡檢司各置船二巡海上盜賊

方輿紀要正統九年户部侍郎焦宏還烽火南日水寨於內地籌海圖編烽火水寨原設於福寧州三沙海中以秦嶼羅浮官井洋乾馬正統間徙松山寨其後官井洋畔添設水寨而沙埕羅江古鎮羅浮九澳等險孤懸無援勢不能復舊矣南日水寨原設於南日山下北可以遏南茭湖井之衝南可以阻湄州岱墜之厄亦要區也後移奏吉了地方仍以南日爲名舊南日棄而不守遂使番船北向泊以寄潮是又失①一險也

方輿紀要景泰三年鎮守尚書薛希璉②增置小埕銅山二寨沿邊衛所鎮戍之設加密又遷浯嶼水寨

校注：①失　②璉

於廈門

泉州府志嘉靖二十六年都御史朱紈以海澳耆民充捕盜

明史嘉靖三十七年都御史王詢請分福建之福興爲一路領以叅將駐福寧自流江烽火門崙山小埕至南日山分漳泉爲一路領以叅將駐詔安自南日至浯嶼銅山懸鐘走馬溪安邊館水陸兵皆聽節制福建省城界在南北二海僅五十里宜更設叅將選募精鋭部領哨船與主客兵相應援從之按前志兵制載嘉靖間分福建地方爲三路以福寧爲北路轄福寧衛所軍並烽火小埕二寨

以興化爲中路轄福州興化平海泉州永寧各衛所軍並南日寨以漳州爲南路轄漳州鎮海二衛所軍並浯嶼銅山二寨其說與明史異考漳州府志嘉靖三十八年分福建地方爲三路設參將三員漳爲南路參將轄漳州鎮海二衛所軍浯嶼①銅山二寨兼轄泉州永寧二衛浯銅彭湖二遊崇武福全高浦各所自祥芝以至大城皆爲汛②地莆田縣舊志興化府嘉靖四十三年專設中路守備一員轄福州興化平海泉州永寧各衛所軍明史又載四十三年巡撫譚綸疏請改三路參將爲守備然則三路之說當從前志而所轄不同互存以備考

明史嘉靖四十三年巡撫譚綸疏言五寨守扼外洋法甚周悉宜復舊制以烽火門南日浯嶼三艅爲正兵銅山小埕二縣爲遊兵設把總分汛地明斥堠嚴會哨改三路參將爲守備分新募浙兵爲二

校注：①銅　②地

班各九千人春秋番上兵備役者以時閱視從之莆田縣志①按海之形勢烽火門北杭②浙海是爲頭③顱銅山南岐④潮陽是爲⑤尾閩南日山左⑥右脉北跨小埕南肩浯與是爲腰⑦股

海防志遊之初設有三曰海壇懸鍾浯銅續增湄州崙山爲五南澳一遊間於閩粵尋復設臺山礵山五虎鴻江澎湖等遊

⑧永州府志順治十八年遷沿海居民以垣爲界三十里之外悉墟其地康熙十八年命沿海二三十里量地險要各築小寨防守限以界牆時耿逆之亂遷民悉復故土康親王平定閩疆疏稱遷界累民苦罷之至是督撫上請遂再遷焉

校注：①按海之 ②浙海 ③顱 ④潮陽 ⑤尾 ⑥右 ⑦肢 ⑧泉

大清會典康熙四十二年覆准沿海各營洋面有島
有嶼宜另爲派定船隻以將備帶領常川駐守其
餘各汛以千把遊巡
會典康熙四十八年覆准閩粤江浙四省每年輪委
總兵官親領官兵自二月初一日出洋在所屬本
汛洋面周遍巡查至九月底撤回遇有失事獲賊
照例分别題叅議叙
會典康熙五十三年覆准水師提標五營每營額設
戰艦一十四隻船傍刻海國萬年清五字分五營
每營以一字爲號並各鎮協營一例遵依各省海

洋商漁船隻分別書寫字樣其各標營船巡哨刊刻其營第幾號哨船照柁工水手例各給腰牌刊明姓名年貌籍貫如船無字號人有可疑即行嚴拿究治

會典康熙五十五年覆准福建水師提標五營澎湖水師二營臺灣水師三營派撥兵船各書本營旗幟每月會哨一次彼此交旗爲驗

會典康熙五十六年覆准海壇金門二鎮各分疆界爲南北總巡每歲提標發船十隻將六隻歸於巡哨南洋總兵調度四隻歸於巡哨北洋總兵調度

駐防志雍正六年九月覆准添設旗下水師兵六百名於烏龍江下流三江口操習配給船隻分班輪流操演水務並不時巡查一帶港汊鹽梟盜艇將軍副都統每年春秋二季輪流親往巡查水師營圖說泉之廈門福之閩安爲海洋咽喉廈門設水師提臣駐劄閩安亦有副將防守而洋與水師旗營之設又爲閩安之犄角也

各府沿海兵防 附

福州府

三山志元豐元年提刑邱闢孝直奏置連江縣西洋巡檢管連江羅源海道後移羅源縣南灣尋復置廨廣澳置南丹①

校注：①日

巡檢管福清海道（初在連江官澳移置於此）紹聖二年添置巡檢一員駐劉崎巡捕長樂連江閩縣海盜

宋史淳祐三年詔福州延祥荻蘆兩砦並置武①濟水軍摘本州廂禁習水者充千五百人爲額②

明史萬歷二十年巡撫許孚遠奏築福州海③壇山城礮臺

興化府

府志明洪武初以南日④湄州至迎仙環海二百里節目疎濶於隙處設六巡司曰迎仙冲沁嵌頭青山吉了小嶼

校注：①武濟　②額　③壇　④日湄

泉州府

府志宋元豐二年撥禁軍一百人增防小兜水寨巡徼晉南惠同四縣沿海地後改招土軍淳祐間增至三百一十人寨建於熙寧間時又有石湖石井皆防海小寨

府志紹興六年設水軍隸漳泉都巡檢管轄二十六年命統制陳敏屯駐泉州以延祥水軍來屬延祥舊隸福州

府志乾道八年島夷入寇增設水軍五百五十人置水澳寨元改名永寧分六十人屯之以控海道

府志淳熙十三年統制官韓俊請於城南置寶林寨

城東置法石寨分水軍一百五十八戍之

府志嘉定十一年海寇犯圍頭郡守真德秀移寶林寨兵百二十人戍圍頭立寶①寨復增法石寨兵至二百人真德秀措置沿海事宜狀略寶林去海殊遠其勢甚緩乃有②舊兩寨圍頭去州一百二十里正瞰大海旁有支港可達石井其勢甚要而前此未嘗措置又寶林所屯水軍三百其數爲多法石雖有一百二十餘人然正爲防海衝要之地其數尚少永寧步軍之數倍於水軍誠爲創置

府志洪武六年撥水軍五百五十一人分屯四寨

府志隆慶四年添設浯銅遊兵

府志萬曆二十五年添設浙營兵戍泉

校注：①蓋寨復　②新

漳州府

府志宋紹定三年知州事李勛請撥左翼軍隊將一員領兵駐寧海寨防守造巨艦大鵬船以便警捕寨在海澄濠門

福寧府

三山志提刑司奏長溪寧德羅源連江長樂福清六縣皆邊海請添置沿海六縣巡檢一員於長溪造刀魚船十隻往來海上收捕賊盜

臺灣府

臺灣縣志元末置巡檢司於澎湖與明洪武間信國

公湯和經畧海上以澎湖民叛服難勝盡徙置漳泉間廢巡司而墟其地見聞錄嘉靖二十四年都督俞大猷逐海寇林道乾留偏師駐澎湖道乾遁駐師亦罷仍設巡檢司尋裁府志萬歷二十年增設澎湖遊兵是時倭有侵雞籠淡水之耗議者謂澎湖斉爾①不宜坐失乃設一遊四哨冬烏船二十隻目兵②八百有奇後以孤島寡援復設一遊日總哨旋裁人③同安縣志浯銅澎湖二遊俱駐廈門

各縣防守要衝附

閩縣　閩安鎮　距省城八十里海防考鎮有兩口

校注：①邇　②兵八　③去

一東出雙龜門外遶壺江五虎一南出琅琦門外遶亢石梅花爲江海之鎖鑰會城之門户方輿紀要有巡司洪武二年置府志　國朝順治十五年築城置戰船五西有崇新寨東有登高寨南北岸設砲臺北有象洋寨設煙墩瞭望與連江界南與長樂界洋中琅琦山亦設煙墩山巔爲金牌寨有炮臺今鎮設副將駐防巡哨與鎮對峙者爲石龍臺寨設煙墩瞭望江船出入爲省會咽喉在鎮内江中者爲員山水寨與員山對峙①省爲洋嶼雍正六年設旗營水師旗員駐防員山②上爲羅星塔汎

校注：①者　②上

亦省會要衝置炮臺

五虎門　在府東百里大海方輿紀要湯和由海道取福州處下爲官母嶼置巡司府志衝險海汛弁兵巡防

南竿塘　閩書有竹扈湖尾等六澚府志衝要海汛有煙墩瞭望與連江北竿塘毗連

長樂縣　广石　在鎮門南四十里與琅琦相對海防考广石梅花所與連江定海相對爲省城右臂府志广石籌港澤里厚福四汛俱臨海要衝各設煙墩

梅花所　府志與广石聯絡臨海要衝設煙墩瞭望弁兵巡防中有城延袤三里明洪武二十年江夏侯周德興築浮海紀實城西北二方臨巖石上海水薄之甚險極外孤島爲白犬東沙亦衝要海汛

仙岐寨　在十五都縣志明洪武十一年設東爲磁澚方輿紀要孤山峙海中分東西南北四澚可避風海島圖說孤島周七里可寄椗府志弁兵巡防設煙墩瞭望又北爲猫嶼又東爲石梁焦山案方輿紀要洪武二十八年遷梅花所巡司於此今

廢

小祉寨　在二十都府志明洪武六年設巡司崇正間移於大祉捍寨又有壠下寨嘉靖四十年築二寨俱設烟墩瞭望

松下寨　在二十都府志舊有城有巡司今爲長福營官兵駐防設烟墩瞭望方輿紀要爲長樂之咽喉福清之門户自梅花至松下中歴後山門口黄崎仙岐漳港壺井蛤嶼漳坂小祉大祉十一嶼皆波濤衝激傍岸水淺寇船難近獨松下漸南與福清接壤爲客船停泊之區海壇包其東南有觀

音澳藤澳可暫憩故松下之備宜豫

福清縣鎮東　在縣東二十里府志與海壇交接北對松下塔南對南山鳥礁明洪武間建衛築城國朝康熙九年改爲寨臨海要衝衛西烽火山爲有警燔燧之處

海口鎮　在方民里府志有城明嘉靖間築

鼓嶼門汛　府志海中孤島周十里可泊舟取水弁兵巡防山頂設烟墩瞭望

後營　白鶴　澤朗　下俞　萬安　連盤　門

橺後　七汛府志臨海要衝澤朗有巡司明置今

廢萬安有城明洪武間周德興造今置戰艦二舟兵巡防又牛頭前薛峰頭上逕四汎亦臨海要衝峰頭有寨方輿紀要縣境有平北平南沙塢連盤長沙峰頭松下七寨外有松關永平白鶴峰頭大埕牛頭六寨舊皆設兵戍守

江陰壁頭汎　府志孤島周四十里明設巡司後廢　國朝雍正十三年移江口巡司駐此置戰船一舟兵巡防山上設炮臺

南日　距縣一百二十里東北屬福清西南屬莆田中有西寨澳峯㲉澳可泊舟鏡仔澳可寄椗見互①

校注：①互

莆田

海壇　距縣一百二十里府志廣袤七百里總兵駐劄於此設炮臺戰船二十二方輿紀要海中舊有三山之目澎湖海壇南灣皆爲險要守海壇則桐山流江之備益固而可以增浙江之形勢守南澳則銅山懸鐘之衛益堅而可以厚廣東之藩籬又鹽埕澳汎屬海壇弁兵巡防大練小練二山溪口東庠二汎俱設烟墩瞭望

觀音澳　夯尾汎　娘宮汎　府志各置戰船一弁兵巡防山上俱設烟墩瞭望

連江縣　荻蘆門　在東南海中府志連尉①斗山與五虎對峙險僻要汎宋置水寨於此明置巡檢司後司移北茭縣志明湯和由海道從荻蘆港入福州

東岱　在縣東十里府志沿海要汎爲邑咽喉明有銃城置巡司今設炮臺沿邊有長柄象洋東岐拱嶼方輿紀要嘉靖間官軍擊倭由拱嶼夜遁出洋

小埕　在定海所前籌海說北接烽火南接南日連江爲福郡門户小埕又爲連江門户浮海紀實

校注：①尉

小埕與定海犄角閩書爲省會藩籬白犬竿塘東湧東洛西洛皆其汛地府志明景泰間置寨崇正間重修今屬本營弁兵戍守内有蠣澚可避風

定海　西界小埕方輿紀要定海小埕皆戍守要地府志明初築堡　國朝雍正間重修置戰船一弁兵巡防設烟墩瞭望

黄崎　西界定海府志明崇正間築堡今置戰船一弁兵戍守

北茭　在縣東北方輿紀要明洪武間築城與定海相爲脣齒府志三面臨海中有堡三與黄崎堡

輔車相依置戰船三弁兵廵防

下竿塘　在縣東北大海中閩書有白沙鏡壁等七澳府志與閩縣南竿塘對峙衝要海汛設烟墩瞭望又有可門下嶼二汛俱界羅源

羅源縣　濂澚門　府志險僻海汛與連江可門對峙有寨有炮臺弁兵廵防門外即西洛東洛置戰船二澚内可泊舟西爲虎尾山與霞浦縣東衝對峙以白礁爲界設土堡炮臺弁兵廵防

羅湖　府志臨海要汛與西洋山芙蓉山大金汛俱屬霞浦羅湖海中之鹿耳草嶼東湧等島西洋

海中之大東小東馬鞍茭跡等島芙蓉海中之馬砌嶼山四礵等島俱屬閩安水汛弁兵巡防

莆田縣　迎仙寨　在江口有巡司宋置方輿紀要有城前臨海後負江商民輻輳十里爲迎仙溪爲濱海要地縣志今設弁兵巡防後郭有烟墩撥寨兵分守

南日舊寨　在大海中南日山下府志中有二澳可泊南北風景泰後移於吉了之東

雙嶼　界福清壁頭汛府志明設守備於此後移三江口爲南日北哨今廢

劉澚在三江口外縣志爲南日右哨汛地四山

藩蔽地寬廣寨船收汛泊此

青山在縣東九十里方輿紀要有城東西南三

面皆阻海夷舟多由此入南日山峙其南爲郡門

户縣志明有巡司後裁今設弁兵巡防

平海在縣東九十里閩書拖海上衛北峙草嶼

連盤東控鷺鷀烏垳西挹湄州與琉球日本相望

莆藩籬喉舌也縣志明初置衛築城海壖南日湄

州會哨於此城南有南哨澚北風可泊舟設弁兵

巡防

冲沁寨　在縣東六十里方輿紀要有城三面阻海與崎頭三江灣港相接舊有巡司今廢

崁頭　在縣東南九十里方輿紀要有城介山海間爲登沙要地舊有巡司縣志今廢隸平海汛兼轄

莆禧汛　在縣東南九十里方輿紀要卽古莆田地明洪武間置所築城轄文甲山柄西山火頭東湖五墩墩各有守瞭軍縣志今爲忠門汛兼轄

湄洲嶼　在縣東南大海中閩書一名鯑江與琉球相望縣志萬歷二十四年設湄洲遊屯剳賊灣

大小砟地方閩書內有淡泉島冦時來汲水爲最
衝地
吉了 在縣東南華胥山下府志前控南日右引
小嶼左帶湄洲廻臨大海東有水寨縣志宋時建
寨名擊蓼明設巡司改吉了今隸忠門汛兼轄
晉江縣 安海 在東南六十里府志阻山襟海闤
闠萬家爲巨鎮方輿紀要明萬歷間移府通判駐
此又東石介白沙安海之間亦沿海要地
永寧 在縣東南五十里閩書東濱大海北界祥
芝浯嶼南連深滬福全爲泉襟裾方輿紀要宋置

水澳寨元改永寧寨明洪武二十年改寨爲衛三十七年築城府志今爲金門鎮標汛地

福全 在縣東南海防考西南接深滬與圍頭峰上諸處並爲番船避風門户哨守最要閩書中有犬留圳上二澳要衝也明置千户所於此府志今爲金門鎮左營汛地又深滬東濱大海北界永寧西鄰潯尾通南日接銅山介深滬永寧間爲佛堂間澳海寇出入必經之地元置巡司於此其相近爲蚶江民居稠密方輿紀要邊海之佛堂蚶江亦肘腋之處也

圍頭　在縣東南八十里閩書東南瞰海南連洒①洲宋置寶盖寨明置巡司府志今屬金門鎮右營兵戍守地圍頭十里爲烏潯轄於深滬水汛

法石　在縣東南方輿紀要宋置寨於此爲重地

蔣芝　在縣東閩書東抵外洋大海南至永寧與崇武所相對明初徙石湖巡司於此府志今屬金門鎮左營弁兵巡防

日湖　在縣南府志淺水可泊舟明萬歷間移浯嶼水寨於此今屬金門鎮左營弁兵戍守

惠安縣

崇武　在縣東南方輿紀要宋元豐中置

校注：①洒

小兜巡司明洪武二十年移司於小岞置所築城於此閩書北接湄洲南接日湖東面距海泉上遊也府志今隸金①□□左營管轄

輞川 在縣東北方輿紀要阻山負海民居繁密明嘉靖間築城與縣城相犄角府志今屬黃崎水汛兵巡防

黃崎汛 在縣東閩書高山特起下瞰大海湄洲南日在其東北與峰尾小岞互犄角而黃崎尤為險要海多礁嶼生寇不敢逕至府志今隸金門鎮左營管轄

校注：① 門鎮

峰尾汛　在縣東北方輿紀要明洪武二十年築城設巡司閩書北障沙格南距黃崎盜船多泊於此兵船更番防汛鳥府志今與小岞沙格俱屬黃崎水汛兵巡防

獺窟　在縣南閩書島峙海中北障前頭山南縈覆釜南北皆可行舟入泉必經之地岱嶼祥芝烽火可相應明設巡司府志今與大岞俱屬崇武水汛兵巡防

小岞山　在縣東府志四面環海前後皆灣澳明洪武間設巡司於此

大岞山 在縣東南海中方輿紀要山有洞入丈餘折而右轉巨石屏之可避寇嘉靖間叅將王麟追敗倭寇於此又縣南海中有岱嶼舟楫必經之地戈船守焉

同安縣

厦門 在縣東南海中廣袤五十餘里閩書東抵烈嶼與金門南至擔嶼與西嶼與海澄五澳合界北至同安内港與高浦相望方輿紀要明置中左千户所築城戍守轄東澳五通二寨府志 國朝水師營提督軍門駐劄於此詳見兵制海防考所西有白石澳為島夷出没之所有兵戍守

金門鎮城　在縣東南海中方輿紀要①舊名浯洲嶼明洪武二十年置所②築城改今名閩書西連烈嶼中左南達儋嶼鎮海料羅盡其東官澳極其北府志　國朝設總兵官鎮守巡防詳見兵制

浯嶼　在縣極南府志孤懸大海中左達金門右臨岐尾水道四通為同安海澄二邑門户明洪武初置水寨於此後移厦門　國朝康熙間派弁兵防守方輿紀要砦置於浯洲嶼大武山之下控泉南境外扼大小擔二嶼之勝內絕海門目港與賊接濟之奸後倡為孤島無援之說移入厦門浯嶼罷而不守番船據為巢穴嘉靖四十二年復置於浯嶼近志云寨今移於晉江縣之金釵山漳③州府志浯嶼之遷前人以為失其險然彈丸黑子

校注：①舊　②築　③漳

屯聚無多今駐水師提督於廈門以障全閩之海口人民商賈輳集等諸郡縣而别駐守備於浯嶼蓋據內外險而兼收其勢也

大擔門　在浯嶼南海中府志延袤數里險同浯嶼今設汛兵戍守

烈嶼　在鎮城南海中周二十餘里閩書與金門對峙有警則烈嶼先受其鋒方輿紀要烈嶼與五通劉五店神泉諸處亦爲防禦之處府志今屬金門鎮汛兵戍守

峰上　在鎮城東閩書汛居浯洲嶼最東其澇曰料羅海①泊往來必經之所爲泉門户府志今設料

校注：①舶

羅水汛兼轄峰上

官灣　在鎮城北去峰上二十里閩書峰上民勇戰鬬然非官灣則峰上之守亦孤唇齒輔車也府志今設水汛戍守

大簦　在鎮城西海中方輿紀要與廣六七里西有小簦亦海中要地府志今屬鎮標左營汛地

高浦　在縣西南方輿紀要明設千户所築城戍守府志今爲劉五店汛兼轄海防考高浦西有松嶼與海澄之月港相接亦濱海要衝

五通　在縣東劉五店在縣東南府志海濱往來

要道今設水汛

龍溪縣　石碼鎮城　在東四十里方輿紀要北達郡城之津要府志爲龍溪海澄分界船隻出入必經之所康熙元年築城提標左營遊擊駐防

福滸　在縣東三十里府志與三义河隔水相望爲犄角今屬提標左營汛地

三义河　在縣東三十餘里府志分中南北三港爲諸路要衝其左爲許茂界許茂爲玉洲明時有城後墮亦船隻往來必經之所今俱爲提標右營汛地

澳頭　距果堂寨一里府志南臨河船隻往來必經之所又五里爲東尾今俱屬提標右營汛地

石美　在縣東六十里府志逼近海口爲漳州廈門扼要地明時有城復墮又五里爲烏嶼亦船隻往來必經之處今俱屬提標右營汛地

漳浦縣　銅山鎮城　在縣東南一百三十里方輿紀要明洪武二十年置所築城三面環海爲濠惟西行二十里踰陳平波閩書北自金石以接浯嶼南自海嶺以達廣東濱海重鎮府志浦邵海口要衝今設遊擊駐防

陸鼇　在縣東南六十里方輿紀要①二面皆海北可陸行初置青山巡司　明洪武二十年建所築城海中有横嶼長里許又有雙州俗呼洲門自廣入閩船艦必經之道府志爲銅山營汛地

古雷　在縣東南方輿紀要明設巡司有城府志東北臨大海北風灣泊之所又杜潯内港泊舟處八尺門有城亦内港扼要地俱屬銅山營弁兵戍守

鎮海　在縣東一百五十里方輿紀要本名岐島明洪武二十年置衛築城中有東鎮與南鎮與鴻

校注：①三

儒嶼連進嶼將軍礁半洋洲綿亘海濱爲城拱衛閩書鎮海陸鼇古雷廿山萊嶼爲最衝府志屬金門鎮右營弁兵戍守

井尾澳　在二十三都海嶼中府志與將軍澳相對南風則泊井尾北風則泊將軍屬金門鎮右營弁兵戍守閩書井尾崎尾莆頭劉澳蕀尖皆次衝井尾舊有巡司

海澄縣　海門　在縣東十餘里府志四面環海有南北二山舟艓出入衝要之所屬提標中營弁兵戍守

岑川碼　近港口城外方輿紀要港口江潮汐吞吐黏天浴日浩然大觀一名圭海蓋以圭嶼而名府志東連中權關北臨溪尾港船隻往來必經之所屬提標中營汛地

青浦　在金門海澄汛防之交　島美在海澄廈門之交府志俱提標中營汛地

浯嶼　在海澄同安之交府志即明浯嶼寨船隻灣泊往來必經之所康熙初年設浯嶼營後裁今屬中營弁兵巡防

橋梁尾　在三都海滄之交府志東臨海船隻往

來必經之所與三都海滄俱屬提標前營弁兵戍守

排頭門　新安　俱界同安縣府志排頭門南臨海新安北臨海俱前營兵汛地

詔安縣北山　府志距八尺門半潮水東臨大海北風灣泊之所屬銅山營弁兵戍守並轄蘇尖溜灣角汛地

懸鍾　在縣南方輿紀要東北接銅山西南界潮州明洪武二十年置所築城海中有內嶼外嶼蛤洲獺洲敏洲紅洲卧岡洲陳洲城外卸石灣市漁

舟艤附居民貿易處也海防考賊自粤趨閩則雲澳雲蓋寺走馬溪乃其始發之地哨守最切者爲銅山懸鍾二水寨府志船隻出入灣泊要衝之地屬銅山營弁兵戍守

南澳鎮城　在縣海門西出半日程閩書在漳潮二洲海島中四面阻水可三百里潮通柘林漳通懸鍾山高而險地險而腴府志明萬歷間築城國朝設總兵駐防左右營分轄東西西屬詔安東屬廣東饒平其左營汛地爲草寮尾西砲臺雲澳即雲蓋寺青澳洋林灣俱屬廣營界

沙洲杏子　在銅山東大海中府志與萊嶼紅嶼井仔鞍吧流爲五嶼洲門萊嶼南風灣泊必經之所又狼牙山溜灣角畬洲嶼亦灣泊取汲處俱銅山弁兵巡防

澎嶼　在閩粵之交海國聞見錄海面遼濶有三山曰中澎南澎北澎府志中澎有泉海泊①取汲之所屬南澳鎮左營弁兵巡防

霞浦縣　三沙港　在東北方輿紀要形勢險絕最爲衝要府志港口揚帆登陸至郡城不及十里明倭寇屢由此入居民於赤岈築堡松山後墩金字

校注：①舶

山等處築炮臺守禦爲郡門戶屬福寧鎮標弁兵防守

東衝口　在縣東百餘里府志接連小柘下澥羅浮斗米等汛逼寧德福安爲衝要地屬鎮標弁兵防守

福鼎縣　烽火門水寨　在縣東南九十里崙嶼閩書北界浙江蒲門南界羅源濂澳爲最衝方輿紀要初在三沙海面正統間徙置於松山下府志崙嶼與烽火山對峙矗立如門外臨屛風筋竹大嵛小嵛七星四礵等山內有白鷺南鎮黃崎等汛與

沙埕三沙相爲犄角設水師參將駐防海防考烽火門之要有官井流江九澳諸處爲賊船必泊之所備禦最切而流江與烽火門尤爲犄角之勢

峽門汛　與黄崎對峙府志爲烽火門外衛亦要衝也

沙埕　在府東北海防畧三面俱海商民輻輳府志孤懸海外與南鎮白鷺對峙上接關山下連烽火設汛兵防守

大崙山　小崙山　俱烽火門外海中孤島閩書與臺山相峙爲福寧門户舊設崙山遊於此方輿

紀要一名盂山中有三十六灣

福安縣　白馬門　在縣東南百餘里府志兩山對峙如門亦屬衝要

寧德縣　金鼇　在縣南十里府志福寧鎮標遊擊駐防又二十里爲飛鸞汛亦內港要衝

臺灣縣　鹿耳門　在治西北臺海見聞錄兩岸鐵板沙線橫伏水底舟觸立碎出入僅容三舟縣志僅容兩艘其淺處土人揷竹標示其港名曰盪纓爲天險門户用武必爭之地縣志全臺衝要中營炮臺八若户限然石營炮臺七兩營弁兵輪防

安平鎮　在治西縣志水程七里陸程二十里水師左右營弁兵駐防越里許爲大港汛係新港巡檢司與水師中營弁兵稽查出入船隻

澎湖　在海中方輿紀要地環衍可二百餘里擅三十六嶼之勝爲清漳温陵二都門户閩書北起北山南盡八單澚若北山龍門港丁字門西嶼頭日最①娘宫前蒔上澚日次衝海國聞見錄澎湖島三十有六而要在碼宫西嶼頭北港八單四澚縣志島嶼最險要紆回狹口不得方舟而內港可容千艘今設副將駐防

校注：①衝

鳳山縣　下淡水　在縣西南東寧政事集下淡水硫磺溪當入海之道爲水汎所必守縣志南路都司駐於此

打鼓仔港　在縣西南臺海見聞錄南路之打鼓及東港北路之上淡水三處可通大舟縣志俱設汎兵戍守而東港船隻屬淡水巡司稽查

諸羅縣　蚊港　在治西南六十里縣志治南扼要之地爲青峰闕猴嶼港冬港鹹水港茅港尾鐵線橋麻豆港諸處出入所屬水師中營巡防其兼轄北門嶼與馬沙溝青鯤身俱停泊取汲地各設炮臺

烟墩瞭望

笨港　在治西北三十里縣志治北扼要之地南接猴嶼港北接海豐港商賈舟艄輳集屬水師左營巡防其兼轄猴嶼港有炮臺煙墩瞭望

彰化縣　三林港　南距海豐港北距鹿仔港各一潮水船隻灣泊取汲之所屬水師弁兵巡防其所轄海豐鹿仔二港各有炮臺烟墩瞭望

淡水　在縣北諸羅縣志荷蘭夷築城與福州北茭對峙爲鷄籠咽喉今設官兵防守

鷄籠　在縣北府志由大鷄籠渡港突浮一大嶼

周可十餘里嵛社在嶼內八尺門在嶼東砲城在嶼西南亦荷蘭築與沙堤烽火門對峙爲臺郡北洋第一扼要地今設官兵防守

福建續志卷十九

封爵一

自古封建羣辟興廢不齊非特一方爲然也三代之際休烈遠已漢定三秦諸侯自立咸擧除之列爵爲二等申以丹書之誓白馬之盟大啟邦宇藩衛京師析符未久不旋踵而褫奪者比比也延至景武諸侯王祇取供歲入不蒞民事東都侯三百餘人其後往往未建國邑僅錫美名嗣是沿流迄於唐宋皇子受封多不出閣五等之頒不復因襲漸暨下衰竊據者衆勝國稍

循世封承胙匃永我
朝平一海內
天子神聖威武慈仁展親酬庸分珪命爵莫不顯允
祗承罔敢失墜卽自作不靖如三孽者
天戈一揮隨以除治是故百二十餘年之間世家
舊勛安寧綿久曠觀往載未有若斯之隆也環
閩之域以武畧爲公侯者縣矣而靖海施氏海
澄黃氏至於今弗替傳次所及遂珥筆紀之以
見
國家保艾勛庸度越三古其自

世宗皇帝以前上溯歷代大要傳列前志而封爵未標亦間爲拾遺焉志續封爵

國朝

郭熺龍溪人明末以剿寇功封靖安伯入 國朝授資政大夫予世職襲爵五世志有傳

施世范同安人以父烺征臺灣功世襲靖海侯雍正間奉 旨入爲漢軍烺傳見前志

黄士簡平和人曾祖梧順治初以海澄來歸即封海澄公尋以破海寇功加授一等公世襲十二次留駐漳南梧卒子芳度襲會耿逆海寇交訌芳度撥

井朔節梧從子芳世芳泰相繼襲爵芳泰卒芳度子應纘又襲具見前志士簡應纘子雍正八年襲封現任福建水師提督

按郭熺封爵前志未載施黃襲爵皆在乾隆以前而前志亦未備書爰錄補之詳考我朝閩南封爵泉州則鄭鳴駿鄭纘緒漳州則陳輝周全斌汀州則劉國軒永春則林興珠諸公虎視鷹揚皆能以武勳宣力蒙恩爵至侯伯其有子姓錄功承廕不列世襲者雖印纍綬若而爵異侯封盟非帶礪不得與五等

之制並也故具載在子門內

福建續志卷二十

學校一

學校之制有虞三代盛矣自天子辟雝下逮侯國方州鄙遂莫不興教鼓歌相聞士生其時習知尊親仁義之道詩書之文交相勸勵故俗雖流失二三儒者猶被服先王之德弗衰詩云菁菁者莪在彼中阿言教化行而人材衆也秦廢禮義經殘教弛漢唐修明黌序往往於京師獨詳郡縣之學或建或否而閩自李椅常袞爲治昉興學校及宋仁宗令天下郡縣立學學者設

夫子廟厥制漸備焉迄於今遭逢
聖代上多愛養樂育之政下有中阿美茂之材荒陬
海澨蕞爾之邑如古小侯維新頖璧又廣構書
院甄莪奇士
詔賜頁金
雲章褒勸凡爲士者漸摩教澤咏歌詩書將進求乎
道德仁義以不愧時之極盛則雖四代之隆未
有軼於此也乃廣前志爲續學校

福州府

福州府儒學　在城南唐大歷八年移建詳見前志宋初

學制廢壞太平興國中建廟景祐中立學植宇六十楹建九經閣三禮堂饗舍齋廬熙寧中重建列十齋及藏書堂講義齋凡百二十間元祐中增置十齋立小學歲補生員五百崇寧初行三舍法廣爲三百五十一區有御書稽古二閣養源議道駕說三堂及二十八齋後舍法罷省爲十二齋淳熙間創射圃構亭曰序賓紹熙間改御書閣爲經史閣景定間鑿池爲橋置十五齋咸淳間創止善道立二堂元大德間創尊道堂堂東鑿池架亭三曰思樂曰光風霽月曰采芹皇慶初省十五齋爲六

齋各設訓導至治間創天光雲影亭至元間改尊道堂爲明倫堂明洪武七年重建列四齋十七年折大成殿北養源堂麗澤亭及杏壇地建貢院宣德間别建養源堂改射圃於學東正統間拓地建觀德亭成化間大修廟學增齋舍二十六改學門西折爲正中嘉靖間建敬一亭十一年詔稱先師廟廟後建啓聖祠（國朝雍正元年改①曰崇聖祠）國朝康熙二十三年

聖祖仁皇帝頒御書額曰萬世師表雍正三年

世宗憲皇帝頒御書額曰生民未有乾隆三年

校注：①曰

皇帝頒御書額曰與天地參先是乾隆二年學宮燬於颶風三年閩士何長浩捐修十六年總督喀爾吉善巡撫潘思榘重修

按三山志唐乾寧元年觀察使王潮置四門義學梁龍德元年閩王王審知置四門學吳越時作新宮今皆不詳其處

鰲峰書院　在九仙山麓詳見前志　國朝康熙五十五年

御賜經書八部是年巡撫陳璸雍正九年巡撫趙國麟先後拓地重建乾隆三年

御賜瀾淸學海匾額復
賜帑金一千兩生息以資膏火十一年又
賜律書淵源一部十五年巡撫潘思榘修葺十七年
巡撫陳宏謀繕修學舍建奎光閣更六子祠爲二
十三子祠二十九年總督楊廷璋巡撫定長重修
併建蔡文勤公祠巡撫定長復葺張淸恪陳淸端
二公祠及藏書樓重葺鑑亭

嵩山書院　在城東石井巷初在道山之麓名道
山書院　國朝乾隆十八年總督喀爾吉善鹽法
道吳謙誌議建二十一年鹽法道徐景熹因學舍

稍隘乞商人葛大綬請以道山舊址爲葛氏支祠改建今所集商家子弟肄業其中總督喀爾吉善有記

閩縣儒學　在九仙山西麓詳見前志元至元間置齋二明洪武初建明倫堂以禮殿爲大成殿十五年建饌堂立米廩　國朝乾隆二年邑人林炳修葺二十〇年邑紳士公捐重葺

勉齋書院　在鰲峰麓舊爲勉齋先生黄幹宅後拓爲精舍元至正間建爲書院後廢

①泉山書院　在河西尚書里明正德間建後廢

考志書院　在法海寺旁　國朝乾隆五年巡撫

校注：①泉

王恕建今廢

社學曰螺江　在永福里　曰崇正曰玉融　俱

在嘉善里　曰碧峰　在崇賢里

候官縣儒學　在官賢坊詳見前志元至大間縣尹郄衍

郄前志作郄立戟門鑿泮池爲橋其上闢射圃建尊經

堂明洪武初建亭立博文紒①禮二齋宣德間拓基

重建尊經閣養賢堂奎文閣正統間創集賢堂

國朝乾隆二年閩人何長浩②重修

玉泉書院　在城西郊明正德間建祀宋丞相李

綱後廢

校注：①約　②浩

崇正書院　在神光寺東明嘉靖間建後廢

養正書院　在道山北原爲法禪寺明嘉靖間攺①建後廢

西湖書院　在西②湖濱　國朝康熙間知府遲惟城毁淫祠攺建中祀朱子

鳳山書院　在郡③城西三十里　國朝初建爲廬安義學歲久傾圮④乾隆二十八年邑人葉飛龍等捐貲重建并延師⑤集生童肄業其中月給膏火資歲以爲常　縣冊

蒙⑥正社學　在陽岐⑦　國朝乾隆十二年建　又

校注：①改　②西　③郡　④圮　⑤集　⑥蒙　⑦岐

莆巖大湖　俱乾隆十五年建

長樂縣儒學　在治東興賢坊詳見前志　宋元祐間建齋十二　明建文間創射圃於學西南建觀德亭崇正間知縣裴允義浚泮池以納馬江之水　國朝雍正十二年修乾隆二十四年知縣賀世駿葺而新之闢射圃於舊址之右重建觀德堂

吳航書院　在縣治①冑山之陽　國朝乾隆二十六年知縣賀世駿卽②太后宮舊址改建③邯舍四十餘所歲取其租以④膏火

鑑成書院　在方安里見前志　唐水部郎林⑤撫思⑥

校注：①南　②天　③市　④濟　⑤慎　⑥讀

書於此朱子以愼思德成於此因名

龍峰書院 在方安里見前志 宋先儒劉砥劉礪築精舍從朱子講學其中

福清縣儒學 在治東詳見前志 宋淳熙間建齋四元元貞間建堂二曰道立曰帥正 國朝乾隆四年邑人何敬祖修

明德書院 在縣治鳳凰山下 國朝康熙間知縣潘樹柟建

興庠書院 在縣治西 國朝雍正元年建

雙旌書院 在縣治西 國朝康熙五十七年建

簾學　在平潭　國朝乾隆十七年縣丞金昌緒
修二十三年縣丞孫冊相拓建墾田以充膏火
社學曰玉屏曰崇德　俱在東隅　曰文明曰清
和曰安勝曰振陽曰文山　俱在西隅　曰萬安
曰鰲峰曰齊雲曰中和曰龍溪　俱在南隅　曰
萬壽曰陽春曰安仁曰安寧曰澄清　俱在北隅

連江縣儒學　在治東南紹興間建繙經閣傑說堂
及四齋淳熙間建正德堂稱右閣增齋爲六又立
①裒德輔德二齋嘉定間築尼山於學宮後鑿鳳池
於泮池前元至正間改正德堂曰明倫尊道堂曰

校注：①裒

道統明成化間闢射圃於學西移廟在明倫堂左

崇正間移建明倫堂右　國朝乾隆二年圯於颶

風教諭陳鵬南捐貲重葺文山即尼山左右有文武

二池久湮五年重濬

學田詳見前志　雍正十一年邑人鄭膺捐田租三千觔

十三年官以大小園等處田八畝歸學

朱子書院　在縣治西南　國朝康熙三十七年

知府遲①維城毀滛祠知縣李鈲英改建祀朱子闕

東西分以聚生徒

環學書院　在化龍街西　國朝雍正元年知縣

校注：①遲

蘇習禮即天主堂改建

羅源縣儒學　在縣治東南詳見前志

義學　在縣治篤行鋪　國朝康熙四十五年知縣蔡彬修建乾隆二十五年知縣梁翰重修

社學曰鳳鳴　在縣治西康熙四年重建

古田縣儒學　在縣治西隅詳見前志元元貞間建味道堂樂育亭明宏治間闢射圃改建明倫堂於文廟北正德間又改建於文廟東萬曆間鑿泮池　國朝康熙四十年知縣陳瓚修公像課士其中五十四年重修

奎光書院　在學宮左　國朝乾隆四年知縣姚廷格建爲義學祀朱子十八年知縣辛竟可拓其旁奎光閣而大之易今名置田八十二畝以①瞻膏火

藍田書院　在杉洋宋先儒余偶建朱子書額今廢

翠屏書院　在一保明埼建祀學士張以寧兩廡學舍集諸生講讀今廢

屏山書院　在鼓樓東　國朝康熙三十九年知縣陳璸建聚生徒肄業其中

玉②彔書院　在一都　國朝康熙間分司陳大韙建

社學　一在水口明嘉靖間建　一在善德院

校注：①贍　②泉

一在黄田　俱乾隆七年建

屏南縣儒學　在縣治東詳見前志

義學　在縣治紫山麓　國朝乾隆二年知縣沈鍾建顏曰雙溪講堂

閩清縣儒學　在縣治東南宋景德間建閣五講堂一談經樓三明永樂間建明倫堂於殿北闢射圃於學東詳見前志　國朝雍正二年知縣張兆鳳十三年知縣孫國柱繼修乾隆十五年圮於水知縣董士紳增高三尺建廟其上徙學宮於廟之左鹽法道徐景熹有移建廟學記

義學在○○國朝乾隆二十六年知縣宋學源建

永福縣儒學　在縣治東詳見前志元泰定間重建大成殿明倫堂前列居仁由義二齋南爲泮池明嘉靖間移建於東皐山麓隆慶末遷舊址萬歷間砌泮池跨橋其上　國朝雍正三年邑人江釗捐修乾隆二年邑人募修九年知縣胡維炳重修

學田詳見前志　國朝乾隆二十五年教諭張方高置田三千九百九十三觔①歲積其入爲諸生賓興舟車之費

景行書院　在縣治東皐山　國朝乾隆二十三

校注：①畝

年署縣王作霖建置田以充膏火

社學曰興文　在縣治東　曰育才　在縣治西

俱明知縣陳克侯建

興化府

興化府儒學　在府治東宋咸平初即軍治東南隅地創建①本宋郡志與前志所載郡人著作郎②方儀捐宅構殿不同並存互參二年建三禮③堂御書閣紹興間改為東廡西學齋舍四百④八十楹紹熙間列十齋經⑤史祭器二庫淳祐間建尊經⑥閣元時增建⑦尊德尚賢二堂明洪武間省⑧十齋為四齋永樂間立進⑨士題名碑於學宮成⑩化

校注：①本 ②方儀捐宅構殿 ③堂御書閣紹興 ④百 ⑤經史祭器 ⑥閣 ⑦尊德尚賢二堂明 ⑧省 ⑨士題 ⑩化

間知府岳正範銅爲祭①器詳見前志國朝乾隆二年知縣張繼鏡修修櫺星門及明倫堂大門二十一年修文昌祠

學田詳見前志康熙四十五年郡人劉岐捐田十二畝零乾隆元年程大僖捐田十畝零六年劉安邦妻②黄氏捐田租六十五石零二十一年林聘翰捐田二十四畝零聘翰妻徐氏捐田七畝零

莆田縣儒學 在府治南詳見前志明洪武間建進修堂創米廪③增置齋房宏治五年造泮池橋東西作詠歸樂罔二亭十五年建明倫堂嘉靖間移啓聖祠

校注：①祭器 ②黄 ③廪增

於聖廟後 國朝康熙二十四年知縣莫家正濬城西水引入泮池雍正十年濬三汲浪石堰乾隆二年大水動帑繕葺八年知縣周世紀重修

學田詳見前志 國朝康熙間郡人劉大章捐田十三畝零節婦盧氏捐田二十三畝零雍正五年知府卞永譽捐田租三石五斗乾隆元年邑人程大僖捐田九畝零十三年知府瀕鋆墾復埭田二十八畝零十八年鄒夔周妻滕氏捐田十畝零二十一年邑人林守仁捐田三十一畝零

按縣志唐時已有夫子廟張九齡書額今不詳

其處

海濱①書院　在笏石　國朝雍正八年建

涵江書院　在縣東北二十里見前志唐貞②元大和間孔子四十一世孫仲良③爲莆令因家涵江宋淳祐中④作書院並夫子廟給孔氏子孫田以供祀事景定間賜御書涵江書院額明時屢有修建　國朝康熙元年三十一年節次繕修

平海衛學附初在平海衛守詳見前志　國朝康熙三年知府李英改建於府城西洞橋頭雍正四年諸生鄭文炳舉人宋存禮捐修乾隆五年文炳于廪

校注：①濱　②唐貞　③良　④中作

生帝眷修學之文昌官二十八年文炳子貢生士仁捐貲重建廟學及五賢祠崇正齋正誼堂泮池海濱鄉魯坊文昌官按察使朱珪興泉永道譚尙忠俱有記

洞橋書院　在衛學西　國朝康熙間知府李英建乾隆二十八年諸生鄭文炳孫清芳遠芳重葺

仙遊縣儒學　在縣治南詳見前志宋咸平間鑿池架橋覆以遊聖亭建移風廳及日新中盛二亭慶歷間立進士題名碑乾道間建六經閣及尊道瑞英二堂列齋六明洪武①初省齋爲三二十六年闢射圃正統間改儒學大門於②檽星門東成化間增築靈

校注：①初省　②櫺星

臺萬歷間復儒學大門於西　國朝康熙十七年
知縣崔岷三十六年教諭金友三十九年知縣程
景豫四十八年知縣莫家正五十八年教諭陳嘉
璧節次繕修六十一年訓導鄭芝春葺西齋改儒
學大門於右西向雍正八年修泮池乾隆五年邑
人郎中徐萬券葺廟更製神牌封知州徐萬斗易
兩廡柱以石十三年葺尊經閣十四年教諭李係
復儒學大門於中

學田（詳見前志）　國朝順治十六年邑民謝世美捐田
一百三十七畝零康熙三年十二年邑諸生鄭士

升兩次捐田十畝零四十六年邑民劉鳴岐捐田二十畝零五十七年教諭陳嘉璧捐田租徵銀一兩七錢乾隆八年邑人李長華捐田二十二畝零

金石書院　在縣治東北隅　國朝乾隆十四年邑人郎中徐萬卷捐地知縣陳興祚建集生徒肄業其中

同蘭書院　在縣西郊　國朝康熙間建

泉州府

泉州府儒學　在城南三教鋪詳見前志宋太平興國七年即廟建學祥符間遷於育材坊崇寧間復遷故

址即今地前志作①石育才坊誤② 紹興間重建左學右廟鑿滿浚池以通巽流納潮汐嘉泰中建武齋增小學列齋十五嘉定間建六經閣及十二齋元大德間重修至治初築杏壇明天順間改學門西向爲南向宏治間築觀瀾臺臨方池上正德間立題名碑嘉靖間濂夫子泉詳見古蹟跨河爲橋曰洙泗 國朝康熙三十四年郡人施琅修乾隆二十六年知府懷蔭布重修

温陵書院 在府城東蔡巷舊有泉山書院在行春門外明正德間移建今所改名温陵 國朝順

校注：①作 ②在

治閒知府王者都修乾隆七年知府王廷諍增建啓①賢祠敬業堂學舍置田以充膏火

小山叢竹書院　在府城北　國朝康熙四十年通判徐之霖建中祀朱子聚生徒肄業其中

清源書院　在郡城東乾隆三十二年知府陳之銓倡捐創建

晉江縣儒學　在府治東行春門外宋紹興間附於郡學淳熙四年令林䕫得東倉地建大成殿其後屢有增葺明洪武初改爲府治乃移建於泉山書院故地永樂間建禮殿戟門後漸次建米廩饌堂

校注：①贊

尊經閣啓聖祠宏治間邑先儒蔡文莊清得宋梁克家故宅地入於學改創射圃及觀德堂　國朝康熙七年修乾隆十四年知縣黄昌遇倡捐大修殿廡堂門焕然一新門外甃以石欄

學田詳見前志　國朝雍正十年邑人陳士鈉捐田租七百觔十三年邑人張文秩捐田租九千觔內八千觔嵗充溫陵小山長修脯邑人莊廷籫捐田租四百觔零

梅石書院　在府治東北明嘉靖八年巡按御史聶豹改淨眞觀建書院額曰一峰見前志　祀泉州市舶司提舉羅文毅公倫二十八年修葺　國朝乾

校注：①嵗充溫陵　②長　③梅

隆十五年知縣黃昌遇重建改今名邑人曾良相捐生息銀以充膏火

義學　在十五都　國朝雍正間邑人施澤榮捐建

南安縣儒學　在城東二里黃龍溪詳見前志　元元統間建尊道堂至正初闢泮池廣齋舍明宏治十一年建齋宿所嘉靖間築文昌○○二臺隆慶初建見龍亭　國朝雍正十二年修乾隆二十七年知縣靳漢文重修

豐州書院　在縣治東　國朝乾隆二十年知縣

鄉召南建前後爲堂二十夾以廂室左右列舍二十餘區次年知縣伍煒襄輸得白金一千八百兩營息以充膏①火

惠安縣儒學　在縣治左初在縣治西宋時建熙寧間遷於皇②華驛左後六十年遷復舊③地淳熙九年復遷登科④山之陽元元貞⑤初縣尹趙仲臣始移今所明洪武間列守中育⑥才二齋前築杏壇永樂間鑿泮池作射圃成化間改建明倫堂於殿西初在大成殿後嘉靖間移建射圃於朝天門外　國朝雍正十三年邑人陳文輝葺而新之

校注：①膏　②皇　③舊　④科　⑤貞　⑥中育

螺陽書院　在學宮右初在縣署右　國朝康熙間建乾隆○年邑人陳文輝移建今所

同安縣儒學　在縣治東南隅前志作在登龍坊誤初在登龍坊五代時建宋建隆間遷於縣治西北祥符間遷於縣治東南宣和間復遷登龍坊紹興十年遷建今所二十三年朱子主邑簿建尊經閣教思堂列志道據德依仁遊①埶四齋旋省爲正心誠意二齋嘉定間建文公②祠明成化間復射圃地拓之建觀德衣冠二亭宏治間③凳泮池以不④　國朝康熙元年教諭陳輝祖十年知縣⑤鄭麟采繼葺五十五年

校注：①藝四　②祠明　③甃泮　④石　⑤鄭麟

邑人許盛重葺雍正九年教諭張纘緒十一年知縣唐孝本重修乾隆二年新崇聖祠移名宦鄉賢祠於學宮左移訓導宅於崇聖祠故址十年教諭趙鯤飛修二十年知縣明新教諭何蘭重修

文公書院　在大輪山麓初在城隍廟左元至正初賜額大同前志分文公大同爲二書院誤明成化間遷於儒學東中建畏壘菴祀朱子嘉靖間邑人林希元請遷今所復建畏壘菴及瞻亭隆慶初增築學舍國朝康熙二十七年邑人陳膚愚修五十二年知縣朱奇珍修乾隆十七年邑人洪敬等重修

玉屏書院　在廈門城內　國朝乾隆十六年巡道白瀛建置田及生息銀爲膏火資二十八年巡道譚尙忠倡捐銀三千八百兩零收息以益膏火

雙溪書院　在縣治東　國朝乾隆二年知縣唐孝本建十八年知縣明新拓建

紫陽書院　在廈門朝天宮後　國朝乾隆二年建四年同知馮鑒拓建

鳳山書院　在縣西　舫山書院　在縣東俱國朝乾隆十一年知縣張埜建

安溪縣儒學　在縣治東南詳見前志　明洪武間重建前

廟後學列博文約禮二齋尊道崇德二堂成化間增建齋舍正德十六年徙學門先是學左瀕溪屢有水患嘉靖間移於右國朝康熙二十五年邑人李光地重建五十年知縣鄒湜五十一年知縣曾之傅雍正元年知縣邱鎮八年知縣趙琳相繼修乾隆二十年知縣莊成倡修

考亭書院　在縣治城隍廟東國朝康熙五十二年知縣曾之傅就文昌祠拓建乾隆二十二年知縣莊成修

義學　在城隍廟西國朝乾隆二年知縣王植

建十五年知縣辛竟可二十二年知縣莊成繼修

漳州府

漳州府儒學　在府治東南宋紹興間建御書經史二閣列十齋鑿泮池架瑞荷亭其上紹熙間朱子守郡建育賢齋以延耆儒愛成齋以訓武士元延祐間築杏壇明宣德間建崇文堂成化間增闢齋舍正德間浚丁水作石渠四十丈嘉靖間建𠁅①澤堂萬歷間濬麗澤池以通潮汐後池爲居民所佔國朝康熙二十五年教授陳正卿清復之詳見前志

丹霞書院　在府治東南隅　國朝乾隆二年知

校注：①麗

府劉良璧建中有講堂半月樓魁星閣十四年知府金鋐拓建二十四年巡道張惟寅知府余文儀建後堂架樓其上二十六年知府蔣允焄築堂增學舍初院宇臨池至是建二門續之以垣而規制始備

芝山書院　在府治西北隅芝山之麓宋知州事危正建中祀朱子初名龍江書院明成化間重修三十五年知縣蔡亨闢地重建　國朝康熙二十一年通判胡宮增齋舍五十四年知府魏荔彤即文公祠東創仰文書院後合龍江仰文二書院爲

一乾隆二十一年知府奇靈阿重修丹霞芝山二書院生息稅銀共四百四十兩零田租共六百四十六石零

鄴山書院　在鄴侯山明郡人黃道周講學於此建與善三近樂性諸堂撰講儀具琴瑟鐘鼓四方之士從遊者數百人後圮　國朝乾隆十四年巡道單德謨重建中有橘院禮舍景文樓及雙峰選真採芝靈喜四亭又有珠江堂里人黃日紀捐建

龍溪縣儒學　在府治西詳見前志宋淳祐間闢建齋舍明成化間鑿泮池築二十八楹　國朝乾隆八年巡道王廷諍葺而修之

霞北書院　在府治北　國朝康熙四十一年知縣曾家甲縣志作四十八年知縣蔣運昌建乾隆二十年署縣伍煒修

錦江書院　在十一都　國朝康熙六十一年建乾隆十四年通判王祖慶增建里人拓地築學舍以聚生徒

康山義學　在二十一都明萬歷間知縣王士昌建

社學曰迎福院　在二十二都　國朝雍正九年重建

漳浦縣儒學　在縣治西北隅詳見前志明成化間徙建明倫堂以舊堂址爲教諭廨移學門自西而南萬歷間拓泮池增石梁　國朝康熙七年知縣喬甲淸復①澄心亭濬傅公河以通潮汐三十二年重葺三十八年知縣陳汝咸倡捐修建

海澄縣儒學　在縣西門外詳見前志　國朝雍正四年署縣劉洛重建乾隆十一年知縣嚴暻建明倫堂二十年知縣林鐄修崇聖祠二十二年知縣陳鍈葺廟學而新之

儒山書院　在縣治北　國朝乾隆二年知縣嚴②

校注：①清復　②嚴

瞟建嗣知縣汪家球撥田以充膏火二十七年知縣王作霖拓建牀舉人許師義監生陳時佐李文璋諸生蔡士林里民楊進曾本恒楊結楊雄俱捐田及蠔埕充書院巾經費

南靖縣儒學在縣治巾漳南道舊址詳見前志

學田詳見前志國朝康熙三十五年教諭林芝清復田園七十二畝零

長泰縣儒學在縣治東宋時文廟在縣西南學宮在縣東南前志作初在縣西南後改建縣東南紹定間遷今所詳見前志

平和縣儒學在縣治南詳見前志明萬歷間更闢左右二門刻齋二建尊經閣國朝乾隆二十六年知

縣胡邦翰叚玠倡捐重修

學田詳見前志　國朝康熙四十五年邑人黃廷玉捐

店稅十一兩零

九和書院　在縣治後山　國朝乾隆二十六年

知縣胡邦翰叚玠卽大奎閣廢址改建增築學舍

詔安縣儒學　在縣治前詳見前志

新成書院　在縣治北舊爲老子宫明嘉靖間知

縣吳桂改建

延平府

延平府儒學　在豐衍倉南梅山寺舊址初建於宋

天聖間紹興二年遷府西龍津①舘明成化間遷普通寺嘉靖間遷西郊進賢坊萬曆三十八年復遷普通寺四十六年督學周之訓遷今②所按前志作天啓間始定今所從翁正春葉向高建學碑記

道南書院　在府治紫雲嶺　國朝康熙五十八年知府任宗延建乾隆十一年巡道張坦將義學田民捐田歸書院又捐田以充修脯

南平縣儒學　在西郊虎頭山麓詳見前志　國朝乾隆二年閩人何長浩捐修

順昌縣儒學　在縣治左詳見前志乾隆三十一年監生

校注：①舘明成　②所

張正源捐修

將樂縣儒學　在縣治旁詳見前志

沙縣儒學　在縣治東初唐時有學在縣西二百步許見前志古蹟宋慶歷間徙魁星坊元祐間邑人陳偁葺①淳祐間建傳心閣景定間築詠歸臺明萬歷十四年圯於水知縣袁應文遷於祐聖寺舊址前志作嘉靖間遷洪四十五年知縣方震儒復遷魁星坊即今所國朝康熙十一年知縣謝象赳三十七年知縣林采先後修葺②

義學　在興義坊梅子嶺下　國朝康熙二十三

校注：①②葺

年知縣樊盛建置田以充膏火

尤溪縣儒學　在積善坊初學建於宋在縣西其後遷改不一詳見前志　國朝乾隆二十四年知縣吳宜燮改建今所殿廡堂門規制悉備

開山書院　即舊學宮址乾隆三十一年知縣改建

①永安縣儒學　在縣治東詳見前志

福建續志卷二十終

校注：①永

學校二

建寧府

建寧府儒學　在府治東北黄華山之支麓宋寶元間詔①建州立學賜贍士田五頃時學在治南趙氏坊文②廟在建溪門之東崇寧大觀間增學舍三百餘區③建炎間燬守劉子翼即學建廟而廟學始合紹興④間列十二齋立碑載七邑衣冠爵里姓名於其上淳熙間建小學淳祐初重建右廟左學北建紫芝堂省爲十齋元泰定間省爲三齋明洪武間

校注：①詔　②文　③餘區　④興

定爲四齋永樂元年始遷今所詳見前志國朝康熙二十年知府楊鍾岳三十一年知府張琦踵修

環溪精舍　在府城南見前志國朝乾隆九年重修

建溪書院　在府城內

建安縣儒學　在縣治中和坊宋熙寧間在縣治門外之東建炎間燬附於郡學慶元間建於寧遠門外社稷壇右明洪武間遷於治東南登俊坊即屏山書院舊址嘉靖初遷今所詳見前志萬歷間建靑雲樓

甌寧縣儒學　在府治南舊衛故址初宋治平間建

於縣治左熙寧間學隨縣省元祐間復建於縣治東建炎初燬附於郡學慶元間改建縣西元至正間縣徙城內而學遂廢明洪武間復建於城西敬客坊正統十二年始即府學舊址改建萬歷間以朱子手書泮宮二字額於門詳見前志國朝康熙十年知縣章可程二十年知縣張世偉踵修三十一年知縣鄧其文改建今所

義學 在舊衛隙地 國朝康熙二十八年知縣鄧其文建

建陽縣儒學 在同由里初在縣治棲隱寺故址及

宋建炎間燬朱子請易同由護國寺未果嘉定間邑人劉爚①及朱子子在申前議始遷建焉明成化間仍徙棲隱寺故址正德間復遷同由舊學地嘉靖間遷交溪之護國寺萬歷間始定今所詳見前志乾隆三十二年知縣程煥倡捐興修

考亭書院 在三桂里見前志宋朱子築居於此曰竹林精舍後更滄洲精舍前爲明倫堂又前爲燕居廟淳祐四年詔爲書院賜御書額歷元明屢有修葺 國朝康熙間重建

崇安縣儒學 在牛氏巷宋時建學在興賢坊元至

校注：①爚

元間始建殿廡明嘉靖間遷於營嶺之麓萬歷間復遷興賢坊崇正間移建今所　國朝康熙二十九年知縣楊雲鵾修

武夷書院　在武夷山大隱屏下宋淳熙十年朱子建　國朝康熙二十五年巡撫張仲舉重建二十六年

賜御書額曰學達性天知府劉芳改名紫陽前志分武夷紫陽為二書院誤

浦城縣儒學　在縣治北隅皇華山麓初學去縣治東一里宋慶元中遷龍頭山勝果寺之右明正德

間遷皇華山麓嘉靖間拓地增建　國朝康熙三十一年復遷龍頭山四十七年復遷皇華山麓前志因分廟學在龍頭山者誤乾隆四年尊經閣燬六年知縣楊允璽①重建又創皇華亭於上

學田詳見前志　國朝知縣張秉綸置田租二十石

松溪縣儒學　在縣治東宋景祐間徙南山之陽乾道間遷舊所明正統間即故址去十餘步重建嘉靖元年徙治西曾載寺址二十四年改定今所王愼中有記

湛盧書院　在湛盧山下宋朱子讀書於此因創

校注：①璽

書院以祀之見前志 國朝康熙間教諭高于岡拓建硎泮池增闢學舍

政和縣儒學 在縣治東初學在縣西宋紹興間遷於治東明萬歷間改建今所

雲根書院 在縣治西見前志 宋政和間縣尉朱松建朱子歲時來謁祖塋必信宿於此而去 國朝乾隆二十四年知縣譚垣增建學舍以聚生徒

邵武府

邵武府儒學 在府治南樵溪詳見前志 元至正十八年魏劉家奴之亂學燬二十四年即劉家奴宅改建

明洪武間以地湫隘遷今所　國朝乾隆十一年知府胡寶琳繕葺

書院　在西市魁㕔坊　國朝雍正十三年知府任煥建

邵武縣儒學　在縣治南詳見前志明萬歷初改廟及櫺星門俱東向九年復南向濬泮池引樵嵐之水架橋而甃以石欄　國朝康熙十年教諭陳嘉章請復故地建崇聖祠乾隆十九年邑人童璉捐修

九曲書院　初在功德坊邵公祠內明萬歷間推官趙意賢建　國朝乾隆二十年知縣王勳移建

寶巖坊正音書院舊址增闢學舍以聚生徒乾隆三十二年知縣胡邦翰教諭伍光綋倡捐重修

光澤縣儒學　在縣治孝感坊初在縣治東南宋時建詳見前志明萬歷間移建今所　國朝乾隆元年建至光閣四年建崇聖祠七年邑人何以鐘修二十一年重修二十四年知縣段夢日濬泮池

建寧縣儒學　在縣治南詳見前志宋慶元間建進德堂明洪武三年更進德堂曰明倫列齋四十六年改建明倫堂於泮池南嘉靖十七年改建學門二十四年引鳳山玉泉水入泮池萬歷間拓地重建引

學右井泉水入泮池　國朝康熙二十九年教諭林鋌修明倫堂邑人王嘉銓修大成殿戟門五十三年知縣章全人購地築垣建櫺星門雍正元年知縣皇甫文聘拆而新之乾隆六年封宜人余氏命其子監生徐時伯捐葺

學田詳見前志　國朝康熙間邑人鄒兆宣捐田八畝零姜煥捐田十畝零雍正間知縣皇甫文聘捐田九畝零乾隆間邑人知州徐時作捐田八十畝邑人知府謝華知縣朱仕琇諸生何中鼎李鍾濤徐中祚謝家儀李昌言徐炳余學洙等貢生謝人群

徐時軾黃彥等監生謝人鳳甯際輝徐時偉時仲光英等民人余永欽陳中仁陳金等各捐田有差詳見縣志

按時作又捐義田五頃八十八畝與學田俱於乾隆十八年題覆

灕川書院　在北門朱子祠　國朝乾隆二十年知縣韓琮里人徐時作拓建邑人士公捐田畝以充膏火

泰寧縣儒學　在縣治西初在鑪峰山之陽明嘉靖間遷於蔫蕪坳又遷於天王寺萬歷間始遷今所

詳見前志 國朝乾隆七年知縣方曰岱重修

三賢書院 在縣治鼓樓西詳見前志 國朝乾隆二年燬三年重建置田以充經費

汀州府

汀州府儒學 在府治卧龍山麓初創文廟於鄞江門內未立學天聖中遷於橫岡嶺下廟學始備崇寧間遷於興賢門內紹興間始遷今所嘉熙間建文會堂列中前後三齋開慶初建御書稽古二閣濬泮池明崇正間建櫺星門易以石 國朝乾隆十四年知府曾曰瑛修二十四年知府高霪重修

龍山書院 在文廟[1]後 國朝康熙間知府鄢翼明建知府王廷掄修見前志 乾隆十四年知府曾曰瑛拓建築正學津梁堂及學舍濬復龍山龍江書院歲入租銀及捐置生息銀爲師生膏火之資

長汀縣儒學 在府學之左初在興賢門外即府學舊址元至正間遷於縣南五里許明洪武間復遷興賢門外成化八年改建今所正德間移聖殿於西明倫堂於東嘉靖間闢學左開元寺地改建大成殿以舊殿爲文天祥祠詳見前志 國朝乾隆八年重修

紫陽書院 在福壽坊東 國朝乾隆十四年知

校注：①廟

府曾曰瑛十九年知縣丁灘繼修

覺覺書院　在○○○明崇正間建　國朝乾隆十一年知府沈偉業十九年知縣丁灘繼葺

正誼書院　在○○　國朝康熙二十年建乾隆十九年知縣丁灘修

寧化縣儒學　在縣治後初在縣東正街宋淳熙間遷於翠華山麓明正德間前志作正統間始遷今所詳見前志　國朝雍正五年教諭劉夔魁訓導魏王樞重修

雲龍書院　在縣治左　國朝乾隆八年邑監生賈文兆請即縣丞故廨址改建乾隆三十二年知

縣戕①履泰倡捐重修賈文兆之子煇生亦請獨建講堂書舍以繼父志

清流縣儒學　在縣治北黄華驛故址詳見前志　國朝康熙三年知縣王篤親李含培十九年知縣王鼎新繼修雍正十二年知縣楊中興增高殿基三尺易欞星門礎柱築露臺

義學　在法海坊　國朝康熙間知縣王士俊修置田以供膏火

歸化縣儒學　在縣東二十里龍湖先儒楊時宅故址詳見前志　國朝乾隆二十三年知縣趙垣倡捐重

校注：①成

修

峩嵋書院　在縣北　國朝雍正十三年建

連城縣儒學　在縣治東北詳見前志明嘉靖間建尊經閣桂香亭後又遷於尉司舊址萬歷三年改建山川壇十二年復遷今所

冠豸書院　在冠豸山　國朝乾隆間建

上杭縣儒學　在縣治北初在鍾寮塲宋乾道間遷今城隍廟地嘉定間遷治東明嘉靖間改建今所

國朝康熙三十九年知縣王廷掄修雍正六年知縣趙孔超重修乾隆三年重砌泮池

琴岡書院　在縣治北　國朝康熙四十一年知縣翁天中建五十七年知縣段巘生額曰濂溪書院乾隆十一年葺十四年知縣趙成置田以充膏火二十二年知縣顧人驥拓建改今名

義學　在峰市　國朝乾隆十八年縣丞方南濬建倡捐生息銀以充膏火二十四年縣丞陳雲錦拓建

武平縣儒學　在縣治西詳見前志　國朝雍正九年知縣金玉修

永定縣儒學　在縣治西南詳見前志

書院　在文昌祠內　國朝乾隆二十五年知縣張所爰建

福寧府

福寧府儒學　在府治南菱湖詳見前志宋元祐二年徙東郊建善寺五年復歸菱湖　國朝康熙四十二年知州孫埰修雍正十三年改州學爲府學乾隆十九年知府鍾德署府胡爾泰相繼率屬繕葺

學田詳見前志　國朝康熙間邑人陳名蟠捐田七十四畝零

近聖書院　在文廟右祔在東社　國朝乾隆四

年知府婁順龍知縣饒安鼎建額曰藍溪書院撥田以供修餼二十二年知府余文儀改建今所二十四年知府李拔復撥田以充之

霞浦縣儒學　在府治東社集賢境　國朝乾隆元年知縣冷岐暉建中爲大成殿後爲崇聖祠明倫堂十九年知縣王作霖改建明倫堂於殿左以明倫堂址建崇聖祠祠址建訓導宅

泮額詳見前志　國朝乾隆五年分建福鼎縣分額之半今廩膳生員十名增廣生員十名附學生員不限額歲試取進文武童各八名科試取進文童八

名
學田　國朝乾隆元年撥府學田六十畝零歸入
縣學
福安縣儒學　在縣治南重金山麓詳見前志明嘉靖萬
歷間先後拓地修建　國朝康熙三十九年知縣
蔣國榮四十九年署縣江景①祚六十年教諭陳嘉
猷雍正三年教諭黄阜四年知縣傅楢十年知縣
錢洙十一年教諭陳振甲十二年知縣路以周踵
修乾隆十六年署縣夏瑚十九年知縣黄彬重修
紫陽書院　在縣治東　國朝康熙五十五年知

校注：①景

縣嚴德泳建乾隆十二年知縣杞忠增修十五年知縣秦士望十八年知縣夏瑚先後撥田以資膏火

寧德縣儒學 在縣治南宋嘉定間列四齋明景泰間拓地修建府志嘉靖四十年毁於倭四十五年知縣林時芳移建今所而不①載遷移所②自姑存以備④考國朝乾隆二十四年知縣楚文③暻重修

學田詳見前志 國朝康熙間知縣閻達禹續捐田六畝零

鶴峰書院 即分司舊址 國朝乾隆十年知縣

校注：①載　②自　③暻　④考

閩天福建邑人陳勝木捐田及店租以資膏火二十二年知縣楚文暻拓建

壽寧縣儒學　在縣治東詳見前志　國朝康熙間訓導王錫尚修邑人吳士省濬溝引水入泮池乾隆十一年建廟東文昌閣

學田詳見前志　國朝乾隆二十一年邑貢生吳峩捐田三十三畝零

福鼎縣儒學　在縣南郊　國朝乾隆六年知縣傅維祖建中爲大成殿右①爲明倫堂左爲奎光閣殿後爲崇聖祠十九年知縣何幹南二十二年知縣

校注：①右

蕭克昌踵修

泮額　廩膳生員十名增廣生員十名附學生員不限額歲試取進文武童各七名科試取進文童七名

學田　國朝乾隆五年邑諸生王鳳翔捐田一十畝零監生莊逢景捐田四十三畝零八年撥出府學田一十七畝零又撥府學田一十七畝零又撥府學田三十四畝零

桐山書院　在縣治東　國朝乾隆十六年知縣高琦建撥田以供修膳之費二十年知縣蕭克昌

倡捐生息銀一千兩以充膏火

社學　曰在坊　曰鰲峙　曰店頭　俱　國朝乾隆二十一年建

臺灣府

臺灣府儒學　在府治寧南坊詳見前志　國朝乾隆十年巡道莊年修十四年拓而新之

學田詳見前志　國朝康熙四十九年巡道陳璸置田租八百四十九石

海東書院　在寧南坊舊在郡學西詳見前志初爲貢士所乾隆四年別建考院御史楊二酉集生徒①

校注：①肄

業其中貢生施士安捐田一千畝以充膏火乾隆三十年知府蔣允焄倡捐改建今所比舊規加三之二焉

崇文書院　在府治東安坊詳見前志學　國朝乾隆十年巡道莊年修

南湖書院　在城南乾隆三十年知府蔣允焄建

臺灣縣儒學　在府治東安坊詳見前志　國朝雍正十二年修乾隆十四年因舊更葺

學田詳見前志　國朝乾隆三年撥府學田八十石歸入縣學

社學　在東安坊二康熙二十二年建　石鎮北坊一康熙三十八年建

土番社學曰新港社曰新港社内曰隙仔口曰卓猴曰大傑巔

鳳山縣儒學　在縣治北門外詳見前志　國朝乾隆二年邑貢生施世榜倡修十一年知縣呂鍾琇建文公祠於學宫後十七年知縣吴士元重修

義學　在龜山之麓初在北門外　國朝雍正四年知縣蕭震移建今所乾隆十一年知縣呂鍾琇十六年知縣吴開福二十二年知縣丁居信二十

七年知縣王瑛曾增建
土番社學曰力力曰茄藤曰放縤曰阿猴曰上淡水曰下淡水曰搭樓曰武洛
諸羅縣儒學 在縣治西門外觀音亭南舊學建於郡城新化里康熙四十三年遷建縣治西門内西北隅乾隆十八年知縣徐德峻改遷今所邑人張志學翁云①寬等倡捐公建中爲②八成殿東西兩廡後爲崇聖祠前爲櫺星門左爲名宦祠右爲鄉賢祠外爲泮池殿東爲明倫堂崇聖祠東爲教諭署西爲訓導署

校注：①雲寬 ②大

玉峰書院　在舊學官址初有義學在城西北隅康熙四十五年攝縣孫元衡建五十四年知縣周鍾瑄①移建於縣署右乾隆五年知縣何衢修十四年知縣周芬斗改建於南門外二十四年知縣李倓定今所二十八年知縣衛克堉增置產田以充膏火

土番社學　詳見前志　曰打猫後莊曰斗六門莊曰他里霧

彰化縣儒學　在縣治東北　詳見前志　國朝乾隆十七年知縣程運青署縣王鶚二十四年知縣張世珍

校注：①瑄

①楫繼修建規制始備二十七年知縣胡邦翰重修

白沙書院　在學宮右　國朝乾隆十年同知曾曰瑛建二十年邑人吳洛二十四年知縣張世珍修

社學　在半線莊

土番社學　曰半線曰馬芝遴曰東螺曰西螺曰猫兒干曰大②肚曰大突曰二林曰眉裡曰大武郡曰南社曰阿束曰感恩曰遷善曰南北投曰柴坑曰猫霧③㨂曰岸裡曰猫羅曰阿里史曰淡水曰南崁曰竹塹曰後壠曰蓬山曰大甲東④白淡水以下六社屬淡防廳

校注：①相　②肚　③揀　④自

①永春州

永②春州儒學　在州治東詳見前志宋紹興間遷於州西官田市明宏治間遷今地嘉靖間遷於白馬山之陽旋遷官田市萬歷四十四年復遷今地　國朝雍③正十二年升為州學乾隆十七年知縣杜昌丁重修移崇聖祠於太成殿後

文公書院　在學④宮左舊在十四都留灣明嘉靖間建後燬改建於州治東⑤北隅　國朝康熙二十三年知縣鄭功勳教諭葵⑥祈迺　國朝康乾隆十三年知州杜昌丁拓建置田以充膏⑦火二十一年署

校注：①②永　③正　④宮左舊　⑤北隅　⑥蔡祚週　⑦膏

知州鄭國望增葺學舍

梅峰書院　在梅峰之麓乾隆三十一年知州嘉謨倡捐創建規模宏敞并籌經費①永爲膏火之資

德化縣儒學　在縣治西北宋時建初在縣治東後遷於縣東南隅沙坂建炎中復遷於縣治東明②隆慶初前志作萬曆③元年始遷今所詳見前志　國朝順治四年燬④燬知縣孫自孫何之旭和鹽鼎先後修建康熙五十五年教諭力子侗五十七年知縣熊艮輔雍正八年知縣嵇岳延踵修乾隆三年六年九年重修二十六年知縣都鏞教諭朱仕玠倡捐重脩

校注：①費　②明　③元　④寇

閩侯①書院　在解阜門內　國朝康熙間知縣范正幹建雍正八年訓導王方英乾隆九年知縣曾鼎梅先後增闢學舍

雲龍書院　在瑶市社　國朝乾隆十一年知縣曾鼎梅建

大田縣儒學　在縣治左鳳凰山麓詳見前志　國朝乾隆十七年知縣徐有經②二十七年知縣任景瀚重修

崇文書院　在縣治西北　國朝康熙四十二年建乾隆二年知縣葉雲拱修十七年知縣徐有經

校注：①南　②葺

增建學舍

龍巖州

龍巖州儒學　在州治西詳見前志初爲縣學　國朝雍正十二年升爲州學十三年知州張廷球修乾隆二十八年知州嘉謨重建

新羅書院　在城隍廟左　國朝康熙二十五年知縣汪藻即瀛龍書院址重建改今名乾隆元年知州張廷球修

漳平縣儒學　在縣治右詳見前志　國朝雍正三年知縣陸述宣修乾隆二十七年知縣傅國勷重建

東山書院　在縣東東山之陽　國朝乾隆二十年知縣曹鑰建置田以充膏火

菁城書院　在縣治佛仔山　國朝乾隆二年知縣傅維祖建

寧洋縣儒學　在縣治西詳見前志

鍾靈書院　在南壇右明萬歷間知縣鄧于蕃建

義學　在文昌宮前　國朝康熙間知縣沈鎔建置田爲修脯資

福建續志卷二十一終

福建續志卷二十二

公署

國家建官分職外薄四海無一官而無治民之責卽無一官而無治民之所是故大者建牙樹屏周廬環衛小亦不失堂皇以居有府史卒旅以供其驅役設庫藏以嚴其扃鑰速聲郵置里傳以通其往來處斯地者肅然思

天子之紀綱法度政教所自出而下民之身家係焉於是闕者興之蠹者治之無曠官無廢事觀其所處而政可知也若夫侈崇高以爲榮居位不

能善①其職與聽其蕪廢而莫之有治者委蛇委蛇自公退食其母乃非風人之義乎前志紀公署詳矣今復識其更修之時並以曩時所未建者爲續志焉

福州府

萬壽宫 在府治西門大街 國朝乾隆二年建爲在省百寮恭祝之所

萬壽亭 在九仙山巔 國朝康熙五十二年福建土②民恭建鎸

萬壽無疆四字於亭碑覆以高亭用祝 福釐

校注：①善 ②士

貢院 在將軍山北舊志詳前 乾隆九年

御賜書扁曰旁求俊乂聯曰立政待英才愼乃攸司知人則哲與賢共天佐①勗哉多士觀國之光敬懸於至公堂十八年總督喀爾吉善巡撫陳宏謀重修拓堂宇展號舍高垣墻疏溝渠各堂所房舍俱加增建知府徐景熹撫標叅將費寧董其役

錢局 在按察司東雍正間爲觀風整俗使署乾隆間改設

火藥局 在三山驛東

軍器局 在按察司東

校注：①位

迎恩亭 在西關外乾隆十八年建

詔勅至閩皆迎於此

接官亭 在洪山橋左一 在南門外

督學署 在南門大街東乾隆十七年郡人候補

員外郎何際逑捐建考棚

福建布政使司署 在三山之中後枕越山詳見前志乾

隆二十八年布政使曹繩柱重修

福建鹽法道署 在布政司西詳見前志乾隆二十八年

鹽道徐景熹重修

同知常平倉 在天寧山

通判常平倉　在常豐倉南

通判閩縣侯官縣常豐倉　共五十七座舊係府倉二縣通融收貯乾隆十四年經巡撫潘思榘以兩廊倉廒二十座屬府坐後倉廒十三座屬通判右首倉廒二十五座屬二縣清界限以專責成遂永爲例

閩縣署　在九仙山詳前志　乾隆十年知縣李芬鑿石闢地重建大門庭廡始敞

永慶巡檢司署　在尙幹里乾隆十年置

營前縣丞署　乾隆二十一年縣丞張勷修重修

候官縣大湖縣丞署 廨宇歲久漸圮乾隆二十七年縣丞胡啓楫捐修

長樂縣署 乾隆二十三年知縣賀世駿捐修

火藥庫 乾隆二十年移箭道山上

鹽倉 在縣城西乾隆二十二年知縣賀世駿卽臨江館舊址建倉二座積貯鹽觔

福淸縣署 在鶯峰山麓乾隆十一年知縣饒安鼎重修

典史署 在縣治左

社倉 在各里圖按舊圖皆俗稱盡係古鄙字之訛今從之

驛署二　宏路驛蒜嶺驛乾隆二十年裁

連江縣署　在龍濲山南鼇江北乾隆二年圮於風知縣戚茇①言重修

典史署　向僦民居今在城隍廟後

常平倉　乾隆二年知縣馬彭年添建六間八年十年又添建十二間前後共添建倉厫十八間以貯積穀

羅源縣

典史署　在縣門左

公館　在城外疊石舖乾隆二十七年知縣梁翰捐建

校注：①弢

羅源倉　乾隆四年知縣彭祐於縣署內建倉六間九年知縣佟毓華又於縣署後建倉六間十五年知縣陸宏緒移建於縣署西共九間并移前令文謝生所建縣署後之倉於此

古田縣

縣丞廳　在縣治東偏

行署　在水口驛乾隆二十八年知縣方鼎新建

典史署　在縣治西南

屏南縣倉　乾隆十一年知縣魏象乾丞建二間十四年知縣李應明又建三間

閩清縣署　在梅溪南里許國朝順治中燬於火

乾隆二年知縣孫國柱重建大堂儀門及兩廊公廨

常平倉　乾隆四年十五年知縣孫國柱侯海童士紳添建倉廒二十一間於縣署

永福縣典史署　在縣治東偏

興化府

興化府署　乾隆六年知府蕭愷就署後隙地建倉十間神廟一所

督學試院　在察院署北舊巡海道址生童坐號不敷乾隆二十二年紳士捐銀就試院西偏添建

通判署　乾隆二年通判臧濟就堂前廢署開闢甬道

督糧館　在大有倉內通判治事之署明嘉靖壬戌寇燬隆慶元年知府徐紹卿重建

莆田縣署　在左廂善俗坊乾隆八年知縣周世紀縣丞登渠重修十七年知縣王文昭重修大門樓

涵江巡檢司署　在涵江觀頂文廟東順治〇年裁冲沁嵌頭二司設涵江弁歸兼轄

社倉　在涵頭萬歷三年巡按御史孫鍷行知府呂一靜建　國朝康熙二十五年知縣金皐謝重

建

衙内倉　在縣川堂乾隆十一年知縣周世紀支監穀就縣署東添建常平倉

興賢倉　在驛前街乾隆五年知縣藍應襲增建六年知縣周世紀就倉近處接建四間十年又添建六間

新興倉　在驛前街乾隆九年知縣周世紀就忠義節孝祠前隙地建倉十年復增建

鳳山倉　在鳳山寺法堂東西邊乾隆五年監生陳奇芳捐銀就前借貯寺地築砌貯穀知縣周世

紀添建

醫學 在舊平海衛内

僧綱司 在府城永福寺内

道紀司 在府城 萬壽宫内

仙遊縣署 乾隆元年知縣郤成平修宅門及庫廳二年知縣李永書修戒石亭儀門譙樓八年知縣吳烱修川堂十二年知縣陳興祚修寅賓館十四年添建廨舍

典史署 乾隆十三年典史王彬建

楓亭廵檢司署 在縣内雍正十三年改設廵檢

李安濶修

紫薇倉　在東街康熙三十二年知縣朱繡建

大有倉　在典史廨前康熙五十五年知縣李琠建

恒裕倉　凡五所在典史廨前者二雍正十三年知縣汪廷英建乾隆四年知縣邵成平建在縣宅後者三乾隆九年知縣吴烱十年知縣裘思通陳興祚建

社倉　凡四所一在典史廨東乾隆六年建一在縣丞舊署前六年建一在典史廨前一在縣宅後

俱九年建

九鯉湖公館　在縣東五十里乾隆十四年知縣陳興祚捐葺

俞潭公館　在縣東四十里乾隆十一年知縣陳興祚修

僧綱司[1]　在觀華寺

道會司[2]　在福神觀

泉州府

泉州府署　在城行春門西乾隆六年知府王廷諍改建東西二坊乾隆二十二年穿堂後敬事兩旒

校注：①綱　②會

二堂漸圮知府懷①蔭布重修

督學試院　在府治集賢舖乾隆四年知府王廷諍知縣李永書率紳②士捐建十九年知縣于從濂修建考棚

興泉永道署　在同安縣廈門　國朝雍正二年改駐

同知署　在西倉乾隆六年建二十九年改建石獅

晉江縣　晉安驛　在府治西肅清門宋爲清源驛元爲清源站明改晉安

校注：①懷　②士

石碼縣丞署 即西倉同知舊署乾隆三十二年改西倉同知為臺灣府理番同知移晉江縣縣丞駐此

常平倉 舊十六廒乾隆六年建廒六間十年添建七間共二十九廒

南安縣 縣丞署 舊在縣治東宋紹興四年陳安國建 國朝雍正十三年移駐羅溪

典史署 在縣治西乾隆二十四年典史范錫重建

惠安縣 員興巡檢司署 在前途鄉乾隆二十五

年建

同安縣署　在三秀山南乾隆二年知縣唐孝本重修

金門通判署　乾隆三十一年改泉州府安海通判駐此

灌口縣丞署　乾隆三十一年移金門縣丞駐此

厦門社倉　乾隆八年建社倉四間乾隆二十六年二十七年先後又建四十五間

石潯廵檢司署　今駐厦門

安溪縣　常平倉　乾隆三年知縣藍應襲新建五

閩連舊倉共四十五間俱在縣署東偏五年知縣王植又於縣内儀門西偏建十一間又主簿謝景榮捐蓋社穀倉廒三間八年知縣何大有新建八間九年知縣楊琪改建倉廒三間十年知縣何遇隆三次詳建倉廒十四間共添建三十九間俱在縣署西

漳州府

漳州督學試院　在西隅元妙觀左乾隆二十四年巡道張維寅知府余文儀闢地重建

分巡汀漳龍道署　乾隆二十四年重修

通判署　舊在城後街乾隆八年移駐石碼鎮

龍溪縣　縣丞署　舊在縣治乾隆十一年移駐二十五都

江東巡檢司署　乾隆三十一年裁漳州府倉大使改駐

漳浦縣署　乾隆二十八年即舊址重建大門樓三間

常平倉　乾隆四年知縣長庚建倉九間九年至十一年知縣袁本廉前後添建八間

社倉　乾隆二十年監生林桂芳等樂輸新建東

路海雲舊鐘南路下布等三處倉廒三間二十七年知縣邵維建東路馬坪北路洋尾橋南路盤陀西路石榴坂等四處倉廒四間

海澄縣署　在城內乾隆四年知縣汪家珍倡修二堂二十四年知縣陳瑛捐修內堂及譙樓二十六年知縣王作霖重建大堂

預備倉　在縣治頭門內知縣王穀建初名際留倉知縣龍國祿改今名

嚴家倉　在土城內雍正十三年知縣嚴璟重編廒口

大有倉　在土城內乾隆六年知縣黃曾建

社倉五處　乾隆十八年知縣汪家祿建

社倉六處　乾隆二十一年署縣陳鼎續建

南靖縣

和溪巡檢司署　舊在和溪乾隆三年移駐水潮

永豐巡檢司署　舊在縣北永豐里乾隆五年移駐山城

延平府

延平府署　在城西北隅乾隆二十五年儀門宅門爲風雨所壞署知府千[①]從濂重修

校注：①于

玉台通判署　乾隆三十一年改府城通判駐此

府倉　在府署後及署北龍鼎坊二處乾隆五年知府褚祿於署後添建四間十六年又撥延平通判原建倉厫十三間歸府二十八年大風吹塌①厫三間知府傅爾泰捐修

南平縣

峽陽縣丞署　舊在縣廨東乾隆十五年移駐峽陽之玉屛山十八年縣丞弓名彤建署

常平倉　在縣堂側乾隆五年知縣祁元美添建倉厫七間十二年知縣蘇渭生添建八間十八年知縣陶敦和重修

校注：①倉

社倉　前附貯常平倉乾隆六年知縣祁元①
署右建倉四間以貯社穀十八年復將社穀分貯
東南西北四處各鄉共二十七社

順昌縣署　在儒學西歲久傾塌乾隆十六年知縣
陸廣霖捐修

萬壽宮　在○○○○乾隆三十一年監生張正源
捐建

尤溪縣署　年久傾圮乾隆二十四年知縣吳宜燮
詳修

萬壽宮　即舊學宮基乾隆三十一年知縣蔡述謨

校注：①美在

建
常平倉　乾隆五年至九年知縣費應豫趙湘蔡林次第建
永安縣倉　舊倉二十九間乾隆元年以後知縣古植添建十間知縣張雲前後添建二十間知縣邵應龍添建六間乾隆十七年去舊倉廒二十間實在倉廒共四十五間
社倉　分設城鄉共十二處
　建寧府
萬壽宫　在郡城禾義坊即大中寺舊基乾隆十六

年道府縣及紳士公捐建

督學試院　舊即郡庠搭棚考試乾隆十六年巡道來謙鳴知府史曾期同建甌兩縣及紳士於學院衙署儀門內東西兩房捐建考屋十間

建安縣縣丞署　舊在縣署左乾隆十二年移駐內里之廸口村新置丞署十三年知縣姚廷栝建

太平驛館　乾隆二十年裁驛歸縣驛署久燬以其地易民房館

甌寧縣縣丞署　舊在縣署東乾隆十三年移駐梅岐里新置丞署知縣章文㷆建

吉陽巡檢司署　舊即葉坊驛乾隆十三年裁驛歸縣驛丞改爲吉陽司巡檢二十一年新建

建陽縣　縣丞署　舊在縣署東後移駐永忠里麻沙水北街乾隆九年知縣左宰建造

南槎巡檢司署　乾隆三十一年移松溪縣遂應場巡檢於此

常平倉　在福山寺東廊乾隆十五年知縣左宰建造

崇安縣　星村縣丞署　移財堂縣丞駐此

五夫村巡檢司署　移分水關巡檢駐此並乾隆

三十一年改設

政和縣　下庄巡檢司署　舊駐赤巖乾隆十三年改下庄司署新建

東常公館　乾隆元年知縣戴永樸建

邵武府

邵武府泰寧縣署　年久傾塌乾隆二十年知縣汪瀹源重建

汀州府

汀州府清流縣署　康熙間知縣李含培王鼎新建後大堂災乾隆八年知縣岳攀佳重建大堂及後

堂東爲幕廳爲架閣庫兩翼爲吏六房前爲儀門門右爲監

鐵石①機頭巡檢司署　乾隆十三年燬於火巡檢平兆熊捐建

連城縣署　乾隆十年知縣秦士望重修

駐防公署　在明倫堂左

上杭縣　常平倉　乾隆六年知縣史圖增置十間十年知縣梁欽添置八間十一年添置常平倉五間十四年知縣趙成增置五間連舊建倉廒共四十八間

校注：①磯

社倉　乾隆二十一年知縣顧人驥於縣治内建倉四間又於安鄉盧豐五處各建倉一座并四陽共建倉九座

武平縣署　乾隆十一年知縣章文瑗重修

駐防公署　在縣治東

福寧府

福寧府署　在龍首山之麓乾隆九年被火十七年知府秦仁重建二門其署歲久傾圮二十四年知府李拔重修

督學試院　在城北明崇正初即射圃爲文館

國朝雍正間改爲試院

通判署 在治東本州判舊宅

經歷署 在治東二門內本州同舊宅

按福寧自雍正十二年升州爲府設知府通判經歷各一員前志惟載府署及同知通判捕廳舊署而通判經歷之署未載今查府志補入

常平倉 舊在北社乘駟邊境乾隆二年改建於府署後

霞浦縣 大質寨巡檢司署 在十一都今改駐楊

家溪

高羅巡檢司署　在四十三都後改駐杯溪康熙三十年移駐四十一都沙塘

柘洋巡檢司署　在三十三都乾隆四年新設福鼎後設柘洋巡檢建署

常平倉　在北社乘駟邊境

廣寧倉　在北社社朝天西境通判廣寧倉附霞浦廣寧倉內

社倉　在各里圖共立九社

道正司　在北門外元妙觀裁後雍正十三年設縣仍復

公館三　楊家溪公館乾隆八年知縣藍應襲建
十六年圯移於旅店　杯溪公館在三十七都明
成化中同知張翀建　鹽田公館在三十九都判
官黃晟建久廢　國朝乾隆二十六年知縣魏象
烈重建
福安縣署　在扆山下乾隆元年知縣蕭基重建大
堂十七年知縣夏瑚修燕堂及西廳二十四年知
縣程洛重修堂宇六房廨舍郡守李拔有記
典史署　在儀門左乾隆二十一年典史方栻重
建

白石巡檢司署　在白石乾隆八年巡檢徐夔添建後堂

灣塢公館　在黄崎鎮後移灣塢知縣夏瑚重建

常平倉　在縣署西乾隆十七年知縣夏瑚於縣署東偏添建十六間二十七年知縣徐熊占添建三間

寧德縣　縣丞署　在縣署東雍正十二年移駐周墩

寧德縣公館　前志公館五今稽府志亶潭芹洋南溪平溪大洋五所後添漁潭公館在縣南八①

校注：①十

里

縣丞倉　在周墩

寨董巡檢司署　乾隆三十一年裁福州府倉①使改駐

社倉　在各里圖共立十七社

福鼎縣署　福鼎舊爲霞浦地乾隆四年割以置縣以蓋門司爲署六年建署知縣傅維祖又買左邊民居②拓之其前爲譙樓樓下即署大門懸譙鼓進爲二門再進爲大堂兩翼各間爲皂班房正堂而下曰露亭東西爲儀仗庫下左右各六間爲六③

校注：①大　②居　③房

二門外爲福德祠爲囹圄爲①會公堂②山大門而進爲宅門爲川堂爲三堂堂之前爲庫藏兩旁爲書室後有斗室復殿以高樓規模大備

典史署　在縣署頭門左

瀲城巡檢司署　在九都舊徙楊家溪巡司於此乾隆四年設縣後改爲瀲城巡檢司

③秦嶼巡檢司署　乾隆三十一年移灌口巡檢於此

常平倉　舊二所一在蘆門一在貿簹康熙二十二年知州郭名遠改建於永寧境今名大有倉

校注：①會　②由　③秦

恒豐倉　在芳蓮池境乾隆中建一在潋城

秋米倉　在縣署兩旁

社倉　在各里圖共立八社

公館四　店頭公館　白琳公館俱在十五都

蔣洋公館在十三都　分水公館在十九都分水公館乾隆二十七年知縣何翰南捐建

舖十三　縣前舖　巖前舖　王孫舖　白琳舖　五蒲舖

蔣洋舖　杜家舖以上南路至霞浦縣龍亭舖舍杜家舖今裁　翁潭舖　昭

蓉嶺舖　潋城舖以上東南至秦嶼烽①火　水北舖　半嶺舖半嶺今裁

分水舖以上北路與浙江平陽交界

校注：①烽

臺灣府

萬壽宫　即海東書院舊址乾隆三十一年知府蔣允焄建

巡臺察院署　在郡治東安坊乾隆元年滿御史白起圖闢左旁曠地爲射圃

分巡道署　乾隆五年巡道劉良璧建豐亭於署後十年巡道莊年建媽祖廟於澄臺亭側

臺灣府署　雍正九年知府王仕任添建三堂又建住屋四層

彭湖通判倉　在媽宫澳乾隆十三年通判張埰

重修

臺灣縣署　原在東安坊乾隆十五年知府方邦基知縣魯鼎梅移建於鎮北坊府縣及紳士捐造中爲新民堂堂左右六房儀門左爲土地祠右爲獄前爲大門堂後爲愛室又後爲齋閣兩翼夾以廂房其左爲射圃右爲庖廩亭左建天后廟

社倉　在鎮北坊乾隆十五年知縣魯鼎梅改建縣署卽於此撥出縣倉四間以備積穀

鳳山縣署　在明倫堂後乾隆五年知縣程芳於儀門內添建六房十二年知縣呂鍾秀添建大堂捲

棚二十一年知縣丁居信於川堂右添建花廳二十七年頭門儀門傾圮知縣王瑛曾重建

縣丞署　舊在萬丹街乾隆二十六年移駐阿里港新建大堂川堂儀門頭門東西廂房書吏六房土地祠規制全備知縣王瑛曾捐建

常平倉　乾隆二十五年知縣王瑛曾添建二間

諸羅縣署　乾隆五年知縣何衢重建六房於縣治左添置番社往來納餉公所二間

彰化縣署　乾隆五年知縣許廷瑶重建六房八年至二十五年知縣劉端劉晨駿張世珍先後添建

官廳書房及天后祠

縣丞署　在縣治東北猫羅保乾隆二十四年建

典史署　乾隆十二年典史朱江重建二十六年典史仇作霖重修

①木縣倉　牛綠倉在縣治南門外乾隆二十四年知縣張世珍添建十二間二十六年知縣胡邦翰添建五間

鹿港倉　在馬芝遴保乾隆二十四年知縣張世珍添建五間

林〔圯〕浦倉　在水沙連乾隆十六年佃民公建

校注：①本

淡水同知署　舊在縣南門內乾隆二年移駐竹塹城七年同知莊年建大堂二堂內署廂房及大門儀門內署門等所舊署改爲察院巡道知府出巡駐歇之所

理番同知署　在彰化縣卽淡水同知舊署乾隆三十二年改泉州府西倉同知駐此

巡檢署　在新庄乾隆三十二年移八里坌巡檢駐此

同知倉　一在淡水八里坌乾隆十三年添建倉廒八間一在竹塹城十三年添建倉廒六間二十四

年又添建倉五間二十八年同知夏瑚於衙署二門內建監倉六間

永春州

永春州署　在大鵬山南乾隆十八年知州杜昌丁新葺即廢倉故址建敦復堂

督學試院　即學宮雍正十二年改縣爲直隸州就學署設考棚學使按臨駐學正宅班役寓訓導宅教官暫僦民居試竣復舊乾隆十七年以考棚地隘知州杜昌丁移祟聖祠於大成殿後即其址爲訓導宅而以訓導宅地添建號舍於行署大門

外設轅門鼓亭并提調官公廨乾隆三十二年知州嘉謨勸捐拓地增添號舍及前後房間捌建明倫堂於奎閣後并於朱子祠旁修房屋二所以爲學正訓導之署

州同廳　在大堂東偏舊爲典史廨雍正十三年知州杜昌丁建

吏曰①廨　在大門東偏舊爲寅賓館雍正十三年知州杜昌②丁建

常豐③倉　在州治大堂東偏共九倉乾隆十八年知州杜昌丁修

校注：①吏目　②杜昌　③豐倉

廣儲倉　在州治大堂西偏共二十一倉乾隆十八年知州杜昌丁修

有備倉　在儀門外西偏共六倉

按前志所載州之預備倉四今廢

社倉　在各里圖共三十二所

新設①鋪五　冷水鋪鄆兜鋪錦斗鋪龜②洋鋪南洋鋪俱陞③州後新設合舊設州前總④鋪長安鋪劉頭鋪共八

德化縣署⑤　在龍潯⑥山西南乾隆十年知縣魯鼎梅重修⑦

常平倉　在縣治儀門左乾隆三年至九年知縣

校注：①設　②龜　③陞　④總鋪長　⑤署　⑥潯　⑦修

①黃齊春添建十六間九年知縣翁鼎梅添建十六間

社倉　在各里圖共十所

新設舖三　碗洋舖大墘舖古青洋舖合舊設縣前總舖高洋舖共五

大田縣　社倉　在各里圖共十五所

舖三　縣前總舖仙峰舖十八格舖前志舖七今惟存縣前舖餘②栽又新設舖二

龍巖州署　即舊縣署

龍巖州

校注：①黄　②裁

州同署　在萬安溪口汛即移駐縣丞原署雍正九年縣丞嚴嘉猷造

吏目署　在州堂西偏即舊主簿廨後改典史廨今爲吏目署乾隆二年吏目賞鑽重修

督學試院　在布政分司左即舊漳南道署址乾隆○年公署甚狹移舊縣丞之空廨添建

漳平縣署　在城南門中正堂將傾乾隆三年知縣傅維祖重建

僧會司　在三公廟

道會司　在高明寺

寧洋縣 常平倉 舊倉二十一閒① 乾隆四年知縣黃璿世添建三間九年十二年知縣袁儒忠王②泰會前後共添十三間

社倉 原設十五處乾隆十八年添設十五處共三十社

武職公署

鎮閩③將軍署 在福州府治東街乾隆九年將軍新杜重④修

督標水師⑤營參將署 在南門外前志未載駐所故復記之

長福營參將署 在福清縣城

校注：①間 ②王 ③閩 ④重 ⑤師

連江營遊擊署　在連江縣城

羅源營遊擊署　在羅源縣城篤行坊

陸路提督署　在雲山鋪雙門前康熙間提督楊捷

展雲翼增建

中營參將署　在勝果鋪大溝墘

左營遊擊署　在勝果鋪湖垻①

右營遊擊署　乾隆七年移駐永寧衞②

水師提督署　在廈門康熙間將軍侯施琅建

左營標中軍守備署　在洪本部渡頭

右營遊擊署　在門子内

校注：①垻　②駐永

右營標中軍守備署　在懷德宫

前營遊擊署　在後崎尾

前營標中軍守備署　在厦門港

後營遊擊署　在國公府

後營標中軍守備署　在火藥局

按前志但載左營遊擊在石碼鎮城內而右前後三營未詳署址今特補入

鎮守建寧總兵署　在親賢坊今協鎮舊署乾隆元年改建

中軍遊擊署　在登俊坊乾隆元年即察院故址

改建

右營守備署　在弦歌坊舊爲右營遊擊公館今改守備署乾隆元年知縣王元煒重修

福寧鎮標左營遊擊中軍守備署　原駐防福安縣城乾隆二十二年改駐府城

右營遊擊中軍守備署　原駐防寧德縣城乾隆二十二年改駐府城

桐山營遊擊守備署　舊駐桐山堡今移駐福鼎縣城

臺灣①鎮水師副將署　在安平鎮乾隆五年副將王

校注：①灣

淸捐建右畔廳七年副將林榮茂改爲二所

右營中軍守備署　在府城東門內乾隆元年新建

北路營副將署　舊駐諸羅縣今移彰化縣城

北路協標都司署　舊在猫霧捒今改移城內

下淡水營都司　駐防山猪毛

上淡水營都司　駐防八里坌

陸路提標右營遊擊署　初在府治淸源舖乾隆七年移駐永寧衛

永春遊擊署　在城東門乾隆三年新設隸提標五

年建造

駐防把總署　在遊擊署北乾隆五年建

龍巖州龍巖營遊擊署　屬漳州鎮標右營乾隆二十年改爲龍巖營二十七年添建各署

漳平守備署　乾隆二十七年建弁於署右建軍裝庫

按公署前志備矣自乾①元年以來修建者不及十之二三今稽郡邑志乘及諸冊籍續爲釆入更有前志已載而未詳駐劄之所及乾隆年間②又移駐他所者亦爲補之以便觀

校注：①隆　②間

覽云

福建續志卷二十二終

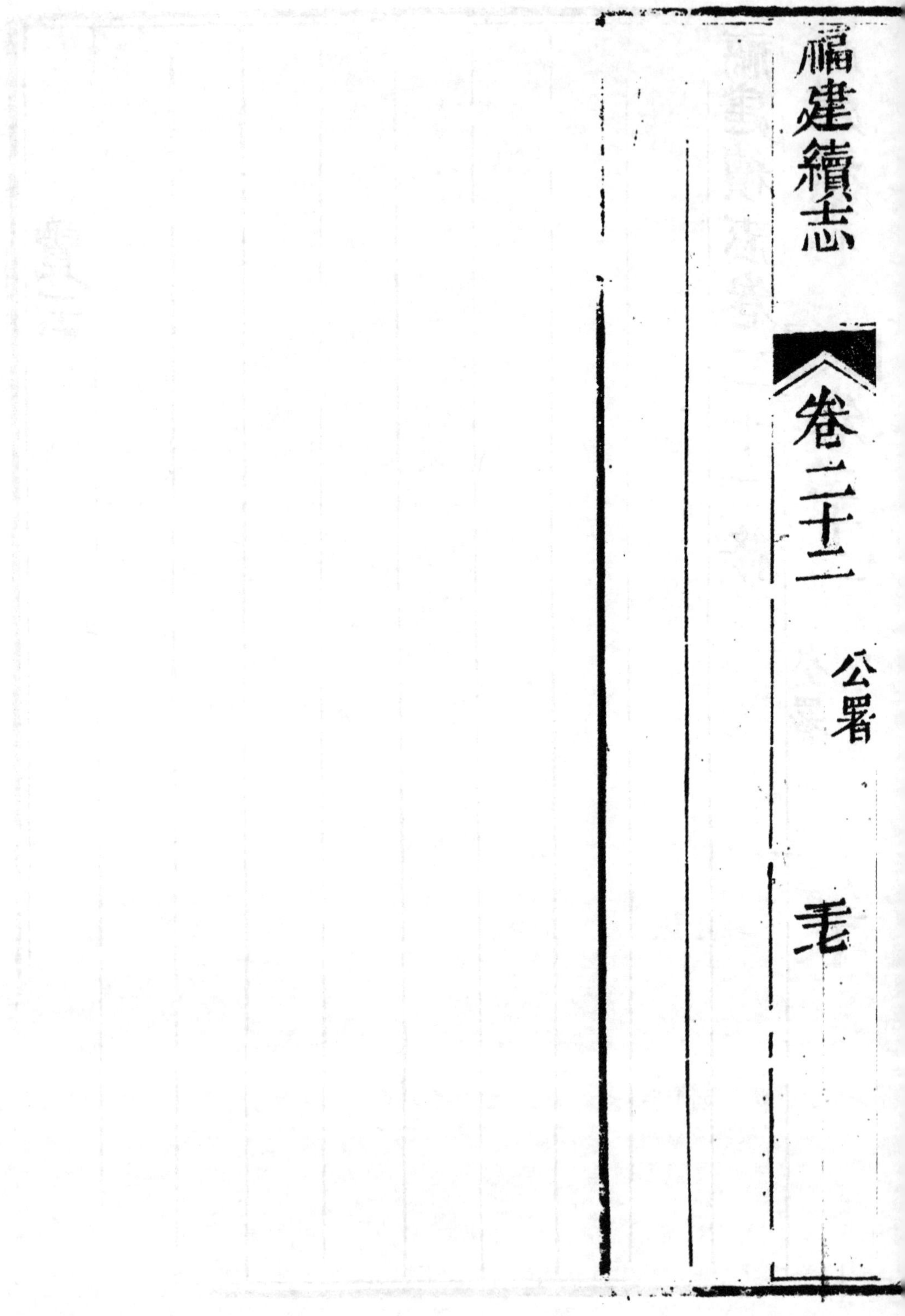

職官一

三代以下盡天下爲郡縣縣有長郡有守其上爲監①司又其上爲連帥下則丞以叅佐稱名數襟要歸②不殊而閩疆方幾千里瀕海而險唐宋始設方鎮重兵守之我

聖朝肅清海嶠元戎虎牙碁置水陸文事敷敎武戢宄③暴大小相維外內相制凡有半通之綸皆

國家之事守係焉前志紀職官次其歲月姓氏詳已今復益以所未盡俾後世覽者挾冊昭如以

校注：①監司　②不　③暴

爲某也善職謳歌弗諼某也曠官民猶疾首是故考績之典判涇渭於一時汗竹之編鑑妍媸於千載易曰鼎折足覆公餗書曰撤爾有官治爾有政可不慎歟續職官志

總督

郝玉麟鑲白旗人雍正十年任

德沛宗室鑲藍旗鎮國將軍乾隆四年任

那蘇圖滿洲鑲黃旗人七年任

馬爾泰滿洲正黃旗人九年任

喀爾吉善滿洲正黃旗人十二年任

楊應琚　正白旗漢軍二十二年任

楊廷璋　鑲黃旗漢軍二十四年任二十八年晉體仁閣大學士仍留閩浙總督任

蘇昌①　滿洲正藍旗人二十九年任

雀②應階　江夏人蔭生三十三年任

巡撫

盧焯③　鑲黃旗漢軍雍正十三年任寬廉正六德悌④慈祥獎廉退抑奔競民感覆露拊循之

王士任　交發人雍正癸卯進士乾隆三年任

王恕　居安人康熙辛丑進士五年任有傳

劉於義　武進人康熙壬辰進士七年任

校注：①昌　②崔　③焯　④悌

周學健　新建人，雍正癸卯進士，八年任。歲儉，禁囤積，勸採買，全活數百萬人。

陳大受　祁陽人，雍正癸丑進士，十年任。

潘思榘　陽湖人，雍正甲辰進士。有傳。

陳宏謀　臨桂人，雍正癸卯進士，十七年任。

鐘音　滿洲鑲藍旗人，乾隆丙辰進士，十九年任。

吳士功　固始人，雍正癸丑進士，二十三年任。

定長　滿洲正黃旗人，中書舍人，二十七年任。

李因培　晉寧人，乾隆乙丑進士，三十一年任。

莊有恭　番禺人，乾隆己未進士第一，三十一年任。

鄂應階　江夏人，蔭生，三十二年任。

鄂寧 滿洲鑲藍旗人三十三年任

提督學政

周學建 浙江進人乾隆元年以左庶子任

于辰 金壇人雍正丁未進士四年以編修任

吳華孫 歙縣人雍正庚戌進士七年以編修任

吳嗣爵 錢塘人雍正庚戌進士十年以吏部郎中任

葛德潤 安邑人雍正癸丑進士十三年以御史任

馮鈐 桐鄉人乾隆丁巳進士十六年以給事中任

汪廷璵 鎮洋人乾隆戊辰進士十九年以侍講學士任

李友棠 臨川人雍正乙丑進士二十二年以給事中任

范思皇以吏部員外任人二十三年

莊培因陽湖人乾隆甲戌進士第一二十三年以侍講學士任

汪廷璵二十四年再任

紀昀獻①縣人乾隆甲戌進士二十七年以翰林院編脩任陞侍讀

王杰韓城人乾隆辛巳進士第一三十年以脩撰任

臺灣監察御史初設駐臺御史一年一易乾隆十七年定爲三年巡視一次

白起圖滿洲正藍旗人乾隆元年任

單德謨高密人雍正丁未進士二年任

諾穆布滿洲正藍旗人舉人三年任

楊二酉太原人雍正癸丑進士四年任

校注：①獻

舒輅　滿洲正白旗人五年任

張湄　錢塘人雍正癸丑進士六年任有傳

書山　滿洲鑲黃旗人七年任

熊學鵬　南昌人雍正庚戌進士八年任

六十七　滿洲鑲黃旗人九年任

范咸　仁和人雍正癸卯進士十年任

伊靈阿　滿洲鑲藍旗人十二年任

白瀛　興縣人乾隆丁巳進士十三年任

書昌　滿洲正黃旗人舉人十四年任

楊開鼎　甘泉人乾隆己未進士十四年任

立　柱滿洲鑲紅旗人十六年任

錢　琦仁和人乾隆丁巳進士十六年任

官　保滿洲人二十一年任

李友棠臨川人二十一年任

實　麟宗室滿洲正白旗人二十四年任

楊世昌仁和人乾隆辛未進士二十四年任

永　慶滿洲正紅旗人二十八年任

李宜青寧都人乾隆丙辰進士二十八年任

明　善滿洲鑲藍旗人三十二年任

朱丕烈海鹽人乾隆戊辰進士三十二年任

布政使

王士任文登人進士乾隆元年任

喬學尹錡氏人康熙癸巳進士三年任

張嗣昌浮山人六年任

高山歷城人雍正癸卯進士九年任

永寧滿洲正紅旗人十二年任

陶士僙寧鄉人進士十五年任

顧濟美長洲人十六年任

德舒滿洲人十七年任

德福滿洲人二十一年任

曹繩柱新建人雍正庚戌進士二十八年任有傳

顔希深平州人二十九年任

錢琦錢塘人乾隆丁巳進士三十二年任

按察使

覺羅倫達禮正紅旗人雍正十三年任

張嗣昌浮山人乾隆四年任

王丕烈青浦人雍正丁未進士六年任

儲龍光宜興人八年任

納敏滿洲鑲黃旗人八年任

王廷諍全椒人雍正癸卯舉人九年任

覺羅雅爾哈善 正紅旗人十年任

陶士僙 寧鄉人十二年任

顧濟美 長洲人十五年任

德舒 滿洲鑲紅旗人十六年任

來謙鳴 蕭山人十七年任

劉慥 永北人乾隆丁巳進士十八年任

史奕昂 溧陽人雍正乙卯舉人二十年任

富明安 滿洲鑲紅旗人二十六年任

曹繩柱 新建人雍正庚戌進士二十六年任

淑寶 滿洲旗人二十八年任

朱　珪大興人乾隆戊辰進士二十九年任

余文儀諸暨人乾隆丁巳進士三十年任

糧驛分巡道

胡宗文金谿人舉人雍正十二年任

菩薩保蒙古正白旗人乾隆元年任

屠嘉正桐鄉人雍正甲辰進士三年任

高　衡錢塘人四年任

張　鏐漢軍正白旗人四年任

明　福滿洲正黄旗人九年任

李方勉漢軍正黄旗人十二年任

黄澍 漢軍鑲黄旗人十六年任

托穆齊圖 蒙古鑲藍旗人十六年任

楊景素 甘泉人十七年任

顧濟美 長洲人十八年任

蘇淩阿 滿洲正白旗人二十四年任

朱珪 大興人二十六年以翰林侍讀學士任

孫孝愉 興縣人二十九年任

達明 滿洲正紅旗人三十三年任

鹽法道

王士任 文登人進士雍正十二年任

高元崑江都人進士乾隆元年任

菩薩保蒙古正白旗人三年任

丁廷讓滄洲人雍正癸丑進士十二年任

吳謙鋕建德人雍正甲辰進士十六年任

徐景熹錢塘人乾隆己未進士二十年任

宋越歸安人進士三十年任

張學舉如皐人雍正乙卯舉人三十一年任

分巡興泉永海防道乾隆三十二年加兵備銜

朱叔權山陰人雍正十年任

王丕烈青浦人雍正丁未進士乾隆五年任

西泰滿洲鑲黄旗人六年任

高景蕃仁和人雍正甲辰進士十年任

劉良璧衡陽人進士十二年任

白瀛興縣人乾隆丁巳進士十四年任

李星聚豐縣人二十三年任

朱椿婁縣人二十六年任

譚尚忠南豐人乾隆辛未進士二十七年任

蔡琛昆明人二十九年任

分巡海防汀漳龍道乾隆三十二年加兵備銜

鄂善鑲藍旗人乾隆元年任

高　衡錢塘人四年任

陳樹菁湘潭人四年任

王廷諍全椒人舉人八年任

覺羅雅爾哈善正黃旗人九年任

侯嗣達金匱人雍正庚戌進士十年任

單德謨高密人雍正丁未進士十三年任

楊景素甘泉人十八年任

張維寅南皮人乾隆丙辰進士二十三年任廉幹不憚治行卓然卒於官人哀思之

楊景素二十七年再任

分巡延建邵道

江　芑○○人乾隆元年任

鄂　善鑲藍旗人四年任

姜順龍大名人舉人六年任

陳樹蓍湘潭人八年任

胡　福滿洲正黃旗人九年任

蔡　坦○○人十年任

丁廷讓滄洲人進士十一年任

來謙鳴蕭山人十二年任

李星聚豐縣人十八年任

陳國華海寧人二十三年任

楊仲興 嘉應州人雍正庚戌進士三十年任

分巡臺灣道 乾隆三十二年加兵備銜

尹①士俍 濟寧州人雍正十三年任

鄂善 鑲藍旗人乾隆四年任

劉良璧 衡陽人進士五年任

莊年 長洲人八年任

書成 滿洲鑲黃旗人十三年任

金溶 大興人雍正庚戌進士十五年任

托穆齊圖 蒙古鑲藍旗人十七年任

德②文 滿洲正白旗人二十年任

校注：①尹　②德

楊景素甘泉人二十三年任

覺羅四明滿洲正藍旗人二十六年任

余文儀諸暨人乾隆丁巳進士二十九年任

奇寵格滿洲鑲白旗人舉人二十九年任

張斑涇陽人舉人三十一年任

布政司經歷

沈士升吳縣人康熙五十七年任　于訥正藍旗人乾隆二年任

江廣川旌德人乾隆十一年任　廖才展安遠縣人乾隆十六年任

胡之棱永從縣人乾隆二十三年任　李敬延廣昌人乾隆二十四年任

都事

趙方節 武清人雍正八年任　金昌緒 平湖人乾隆六年任

庫大使

張　章 滄洲人雍正十三年任　鍾肇基 蕭山人乾隆二年任

張右贊 安化人乾隆六年任　劉曰翚 山陽人乾隆八年任

錢　塘 常熟人乾隆十四年任　賈　愈 江安人乾隆十九年任

李天培 鑲紅旗人乾隆二十三年任　陳　允 貴筑人乾隆二十九年任

潘正鵬 甘泉人乾隆三十二年任

照磨

秦世鼐 會稽人雍正十年任　劉成璠 通州人乾隆七年任

秦起龍 承德人乾隆九年任　江　維 旌德人乾隆十四年任

王作人錢塘人乾隆十五年任　馬元楨會稽人乾隆二十八年任

謝應扳嘉應州人二十九年任　吳履信蕭山人三十一年任

按察使經歷

王欐雅州人十六年任　王忻肅寧人二十四年任

照磨

朱勉懷來人乾隆十三年任　劉玉泉成都人二十二年任

司獄原係檢校乾隆十九年改司獄

葉華大興人乾隆十七年任　胡振紀大興人乾隆二十年任

冀騏①大興人乾隆二十三年任　王德遥盧陵人二十八年任

糧驛道庫大使

校注：①騏

金昌緒乾隆二十三年題准係布司都事兼管

鹽法道庫大使

丁時煒山陰人雍正七年任　耿允謙絳州人乾隆三年任

張學舉如皋人乾隆五年任　沈芝元和人乾隆十二年任

韓永齡高陽人乾隆十九年任　周垌會稽人乾隆二十八年任

福州府知府

王德純漢軍鑲白旗人進士乾隆元年任

張鏐漢軍正白旗人舉人三年任　姜順龍大名人舉人五年任

林興泗孝感人有政聲六年任　陸福宜泰興人八年任

徐維垣平湖人九年任　王淳漢軍正紅旗人十二年任

徐景熹錢塘人己未進士十五年任　覺羅四明正藍旗人二十年任

暴煜屯留人舉人二十二年任　謝錫佐通州人舉人二十三年任

蔣允焄貴筑人丁巳進士二十三年任　李拔犍為人進士二十五年任

張學舉如皋人舉人二十八年任　李浚源山陰人舉人三十一年任

錫爾達滿洲正白旗蔭生三十一年任　蔣允焄三十二年再任

海防同知

吳琰陽湖人舉人雍正十二年任

謝祐朝城人乾隆六年任　鄒承垣無錫人進士十年任

郝霔霸州人進士十三年任　張德涵浮山人二十年任

劉增漢軍鑲紅旗人舉人三十三年任

于從濂星子人進士二十四年任　韋馱保滿洲鑲黃旗人二十五年任

魯楷①會稽人二十九年任　李琰②聊城人進士三十二年任

理事同知

方正琢桐城人舉人乾隆元年任　龍光昱漢軍正黃旗人進士三年任

張人鑑漢軍鑲紅旗人八年任　徐士俊江夏人進士十年任

許逢元益都人十二年任　韓錫玉漢軍正白旗人十四年任

覺羅四明滿洲正藍旗人十六年任　傅爾泰滿洲正白旗人十七年任

奇龍格滿洲鑲白旗人舉人二十三年任

沙精阿滿洲鑲黃旗人二十六年任　筠翩滿洲正藍旗人三十一年任

通判

校注：①會稽　②聊

李秉乾正紅旗人雍正十一年任　汪天來碭山人乾隆二年任

王軾諸城人十年任　布章阿正黄旗人十三年任

高鳳翥泰州人十四年任　官兆麟懷遠人十六年任

張琢磁州人十六年任　郭朝鳳普寧人二十年任

歐陽璐安福人二十二年任　郎昭漢軍鑲黄旗人二十五年任

經歷

秦鍾岡清源人乾隆元年任　呂作賓旌德人三年任

王如璋盧陵人九年任　董天柱寶坻人十三年任

王如璋十八年再任　施錫仁海寧人舉人二十一年任

謝聯大興人二十五年任　王思賢錢塘人二十七年任

班　适　當①平人三十一年任

照磨

熊輔相　餘姚人雍正十二年任　　魯翰昌　宛平人乾隆七年任

葉璽文　承德人十三年任　　葉　華　大興人二十一年任

李和春　西充人二十三年任　　劉　淑　甘泉人三十二年任

倉大使　乾隆元年起至二十三年止無案可稽　三十一年奉裁

白土②俊　全③鄉人二十四年任　　閒④人照　崋⑤亭人二十九年任

教授

陳汝霖　莆田人進士雍正十二年任

謝家樹　歸化人進士乾隆八年任　　朱九拔　晉江人舉人八年任

校注：①富平　②士　③金　④聞　⑤華亭

王士鼇惠安人進士十六年任　尤壽青晉江人進士二十三年任

謝家樹二十五年再任　吳名帶晉江人舉人二十六年任

訓導

李嘉仕建陽人雍正間任　楊謙吉浦城人乾隆二年任

黃中美寧德人五年任　李宏祐海澄人十三年任

王文元晉江人十九年任　楊廷棟臺灣①人二十一年任

裴華泰建安人二十二年任　鄧璸光澤人舉人三十二年任

閩縣知縣

劉辰駿武進人乾隆元年任　王祐璸見前志五年再任有傳

范從徹鄞②縣人八年任　何衢廣元人舉人八年任以慈惠明③敏聞④

校注：①灣　②鄞　③明　④敏聞

李芬正白旗人舉人九年任　吳至愷震澤人舉人十三年任

干從濂星子人進士十六年任　熊定猷高安人拔貢十八年任

夏堋仁和人二十年任　邢熉仁和人舉人二十三年任

李浚源山陰人庚午舉人二十六年任　胡建偉三水人乾隆己未進士二十九年任

宋應麟歸安人舉人二十九年任

縣丞

王廷錦大與①人康熙間任　趙軾驊蕭山人乾隆八年任

張勤脩正藍旗人十年任　左行遂桐城人二十四年任

茅稽大興籍丹徒人三十二年任

典史

校注：①興

朱之麟浙江人　仇作霖大興①人

傅琪臨川人二十六年任　韓秉鈞山陰人二十八年任

教諭

黃呈元晉江人舉人雍正八年任　施晉南平人舉人乾隆三年任

胡檀生永定人十一年任　高廷璧漳浦人舉人十六年任

曾重登德化人舉人二十二年任　劉雄萬莆田人舉人二十八年任

訓導

黃席正光澤人雍正五年任　陳霌雲同安人乾隆五年任

蕭廷謨建陽人十三年任　謝廷甲龍巖州人十五年任

曹念祖龍巖州人十九年任　林長汪漳浦人二十五年任

校注：①興

黄度建寧人二十六年任

侯官縣知縣

沈槤烏程人雍正十三年任　姚循義浮梁人拔貢乾隆十三年任

王爾璸山陰人十七年任　楊愚興縣人進士十八年任

何欽錫彭澤人舉人二十一年任　張元芝合山人二十二年任

徐德峻蘭溪人乾隆丁巳進士二十四年任

段玠①涥山人乾隆壬申舉人二十八年任

朱景英武陵人舉人三十一年任

縣丞

江景祚宛平人康熙間任　武樟稟邛②人乾隆元年任

校注：①浮　②邱

胡文燈山陰人六年任　闕①學孔永安州人九年任

洪晃祁門人十二年任　劉辰駿武進②人十六年任

朱標上元人十八年任　任立賢汾陽人十九年任

吳昌傳晉州人拔貢二十一年任　胡啓楫黟③縣人二十四年任

張圜④觀城人三十一年任

典史

沈大榮安肅人雍正間任　樂時鴻盧山人乾隆二年任

徐霖錢塘人　邵肇仍常熟人二十年任

茹樂山會稽人二十四年任　佘仍大埔人二十八年任

宋焜宛平籍浙江人三十二年任

校注：①闕　②武進　③黟　④圜

教諭

洪聖科 同安人舉人雍正十一年任

江鳳清 永定人舉人乾隆五年任

林斯飛 莆田人

蔡元成 晉江人舉人九年任

萬希韓 晉江人舉人十七年任

吳世重 南安人舉人二十九年任

訓導

饒澤疇 崇安人雍正十二年任

嚴嶽生 尤溪人乾隆八年任

林錫齡 漳浦人

陳　岱 永安人

何　寬 順昌人十九年任

王宗儼 永春州人二十五年任

范騎進 大田人三十二年任

長樂縣知縣

殷鳳梧金山人，雍正十年任

廖興鍾衡陽人，舉人，乾隆三年任

張尹桐城人，進士，六年任

袁儒忠宛平人，進士，八年任

戴永樸烏程人，雍正癸卯舉人，九年任，有傳

侯海金匱人，副榜，十一年任

張學皋如皋人，舉人，十三年任

梅雲程南城人，進士，十四年任

溫成位。。人，舉人，十五年任

黃瑞鶴四充人，進士，十六年任

程繼萊。。人，拔貢，二十年任

賀世駿安福人，舉人，二十一年任

成履泰文水人，二十八年任

張爲鈞①安鄉人，副榜，一十八年任

縣承②

校注：①二　②丞

劉洵高陵人雍正十三年任　冀先魁山西人乾隆四年任

相時○人九年任　吳開福全州人十年任

虞蔭南仁和人十二年任　李詥當塗人十七年任

陳雲錦元和人二十年任　姜斐○人二十一年任

李慧○人二十三年任以後缺裁

典史

胡于俊山陰人乾隆元年任　程天培杭州人

張升吉河南人　楊沛雨崇義人

賀朝安上元人十九年任

教諭

陳士勝建安人舉人乾隆元年任　陳士芝晉江人舉人

蕭際恩惠安人舉人　鄭殿佐安溪人舉人二十三年任

顏　瑛德化人三十年任　邱安禮寧化人舉人二十九年任

訓導

蔡振聲鳳山人雍正間任　吳廷宣政和人乾隆六年任

郭　鵬同安人　范光表。。人二十三年任

傅善長建安人二十九年任

福清縣知縣

莊　年長洲人雍正十三年任　饒安鼎南豐人舉人乾隆六年任

張　芸漢陽人舉人十三年任　劉　增漢軍鑲紅旗人舉人十五年任

耿嘉平館陶人二十二年任　張勤脩漢軍正藍旗人二十五年任

程廷栻漢川人舉人三十六年任　李本楠惠民人拔貢三十一年任

縣丞

費璜錢塘人雍正十一年任　呂萬年繁昌人乾隆五年任

岑堯臣大興人　孫舟相諸城人二十年任

詹日琇南昌人○○○○○　王思賢錢塘人三十二年任

典史

章銓大與①人雍正十二年任　江謂鼎大興人乾隆十年任

韓琪靈州人　王麒會稽人

黃廷亮鎮②平人二十八年任

校注：①興　②鎮

教諭

李光北安溪人舉人雍正十年任　朱升元晉江人舉人乾隆五年任

陳　誠莆田人舉人　吳名帶晉江人舉人

王　鐩邵武人舉人十九年任　王朝魁晉江人舉人二十七年任

曾文著平和人三十一年任

訓導

陳　誌諸羅人雍正四年任　余魁鼇汀州人乾隆三年任

范乘欉大田人　劉　阮僊遊人

魏簡方松溪人　祖謙光浦城人

唐象言龍溪人二十八年任

連江縣知縣

戚崁青德清人進士雍正十二年任　汪宗啓施秉人舉人十一年任

馬彭年溧陽人舉人乾隆六年任

黃　會歷城人十二年任　李　元當塗人進士十二年任

王遵旦孟津人進士十四年任　胡燮臣婁縣人進士十四年任

潘汝誠歸安人進士十五年任　鄒召南漢陽人進士十八年任

曾　佩蘭溪人舉人十九年任　程廷栻漢川人舉人二十三年任

王訢然金壇人舉人二十六年任　金　梓①儀徵人三十二年任

典史

嚴　愼山陰人雍正元年任　葉　芳大興人乾隆十一年任

校注：①儀徵

聶孔目仁和人　樂聲遠安仁人十九年任

趙淵會稽人二十九年任

教諭

王子鑑永定人舉人雍正十二年任

施國寶晉江人乾隆十四年任　葉展南平

官志涵南平人拔貢　黃鍾岳漳浦人舉人二十六年任

訓導

陳鵬南同安人雍正十三年任　趙鳴珂建寧人乾隆六年任

葉其蓉同安人　傅其英安溪人拔貢十九年任

何寬順昌人　金鳴鳳諸羅人二十四年任

羅源縣知縣

彭祐 普安州人進士乾隆元年任
盧兆聘 鑲白旗人五年任
佟毓華 正藍旗人七年任
文謝生 鬱林州人舉人十年任
周尊望 湘陰人舉人十二年任
黃叔顯 連平州人進士十三年任
陸宏緒 太倉州人舉人十五年任
董謙 洪雅人舉人十七年任
田宏甸 湖南人二十年任
梁翰 順德人進士二十一年任
王珙曾 無錫人舉人○○○○
成城 仁和人二十年任

典史

陳紹布 黃縣人雍正間任
王家驥 青陽人乾隆二年任
李溥 韓城人
嚴瑞麟 會稽人

吳治安大典人二十二年任

教諭

葉達尊惠安人舉人雍正間任　盧炳勳長泰人舉人乾隆六年任

李鳴珂永安人二十二年任

訓導

盧奏平永定人雍正間任　蘇克纘諸羅人乾隆二年任

鄭士悦南安人二十二年任　曹國楫南平人八二十八年任

許開士詔安人舉人三十一年任

古田縣知縣

姚廷格平遠人舉人乾隆三年任　馮永振錢塘人進士五年任

李基宏高郵州人舉人六年任　黄昌遇江寧人舉人九年任十一年再任

伍煒。。人進士十四年任　李藩。。人舉人十四年任

王作霖安陽人進士十五年任　秘世通故城人舉人十五年任

辛竟可元城人舉人十五年任　祁烺仁和人舉人二十年任

方鼎。。人二十六年任　高觀鯉仁和人乾隆戊辰進士二十八年任

縣丞①

胡文燈山陰人雍正間任　朱上顯乾隆八年任

戈鍅　楊瑞

邊廷魁蘄州人十六年任　弓名彤壽陽人

韓衍槐汾陽人二十三年任　魯如潮

校注：①丞

陳昌隆　林彩雲

吳燮〇〇人二十八年任　曾日琇南昌人二十八年任

王廷熙雎州人　陸繼仲靈璧人三十一年任

李夢桂金溪人三十三年任

典史

章大成會稽人雍正間任　馬清舉〇〇人乾隆元年任

李世貴　夏廷英貴池人二十六年任

教諭

陳光緒泰寧人舉人乾隆元年任　溫廷選德化人舉人六年任

董士馥長泰人舉人十八年任　鄧兆麟沙縣人二十六年任

饒澍　龍巖州人拔貢三十三年任

屏南縣知縣

朱岳楷　上海人雍正十三年任　　沈鍾　武進人舉人乾隆元年任

姚循義　浮梁人拔貢三年任　　楊先芳　貴筑人舉人四年任

魏象乾　鑲紅旗人進士八年任　　崔國棟　獲鹿人舉人十二年任

李應明　興國州人舉人十四年任　　張世珍　臨遠人進士十七年任

潦以杜　新昌人舉人二十三年任　　毛大周　新都人舉人二十四年任

尚翩　玉屏人舉人二十五年任　　徐耀祖　寧州人進士二十六年任

典史

唐裔鏡　宛平人雍正十三年任　　章宏業　山陰人乾隆三年任

楊楚勝大邑人　史楚山溧陽人

邵肇仍常熟人　壽元勳諸暨人

何允深趙州人　馮裕義紹興人

李今名宜城人　黃亮鳴大興人

周兆新薊州人十九年任　陳登象通城人

薛大經大荔人二十六年任

訓導

林學尊沙縣人雍正十二年任　蕭京顯尤溪人乾隆六年任

鄭學僑松溪人九年任　蕭廷謨建陽人十四年任

應旂招南平人十四年任　蔡鍾岳臺灣人二十二年任

林鳳曉福鼎人二十五年任　鄭奕馨泉州人二十九年任

閩清縣知縣

孫國柱亳州人雍正十二年任　侯海金匱人副榜乾隆七年任

歐陽圻芳恭城人舉人十年任　童士紳德清人進士十一年任

王瑛會無錫人舉人二十一年任　宋學源鑲紅旗人丙子舉人二十五年任

成履泰文水人二十九年任　姚咨羲賀縣人三十一年任

典史

董亞①學仁和人乾隆元年任　王兆基大興人

姚仕錢塘人　王三聘浮山人

江維祺新城人　黃鹿鳴大興人

校注：①正

黃盛嘉應州人十八年任　陳光斗祁陽人

曹道貴池人二十五年任

教諭

陳石鐘晉江人副榜雍正七年任　劉得名武平人副榜乾隆七年任

陳明觀同安人舉人十八年任　賴壽堂永定人舉人二十六年任

柯者仁晉江人舉人二十七年任

訓導

陳大經同安人乾隆元年任　丁奇崑晉江人

張鏢沙縣人　黃中孚尤溪人十八年任

劉中陽長汀人二十六年任　陳鵬南同安人二十九年任

林陽珠海澄人三十一年任

永福縣知縣

馮紹立宜賓人雍正九年任　魏作霖柏鄉人舉人乾隆元年任

胡維炳鎮海人進士三年任　駱騏廣順州人舉人九年任

馮世俊宣化人舉人十年任　畢成定州人十四年任

王綱三原人進士十六年任　金博輔饒平人拔貢二十九年任

典史

張焻仁和人乾隆元年任　張大仲大興人

王子惠鹿邑人十二年任　丁縉高安人二十三年任

黃培棻大興人三十一年任

教諭

吳　鵬南安人副榜乾隆元年任　　林仰高莆田人舉人八年任

李　經晉江人舉人十三年任　　張方高諸羅人十六年任捐置①學田以供士

子賓興費人士德之　　巫道純寧化人舉人二十八年任

訓導

林三捷惠安人康熙六十一年任　　蕭而嵩歸化人乾隆八年任

羅萬安上杭人十三年任　　康職思永春人十三年任

曾文著平和人三十一年任　　張賢聘寧化人三十一年任

興化府知府

蘇本潔常熟人舉人雍正九年任　　王　琬句容人乾隆三年任

校注：①學

范昌治鄞縣人六年任　蕭　琰平遠人八年任

顯　善滿洲正黃旗人十一年任　伊靖阿滿洲正紅旗人十四年任

宮兆麟懷遠人十八年任　伊蘭泰滿洲正白旗人二十七年任

奇寵格滿洲鑲白旗人舉人二十九年任

佟世衡正藍旗人三十年任

同知

成泰陞大名人乾隆元年任　汪廷英仁和人二年任

王之琪儀徵人六年任以後缺裁

通判

戴濟川監利人雍正十三年任　張開達正黃旗漢軍人乾隆四年任

曾曰瑛南昌人六年任
宋清源元和人十六年任
陳淼鹽亭人九年任
何炌山陰人二十一年任
張思振齊東人二十四年任
郭聖榮龍泉人二十七年任
汪啓秀休寧人二十九年任
楊峻業荊門州人三十年任

經歷

周之準正白旗人雍正十一年任
王國輔虞鄉人乾隆六年任
張鈞鴻宛平人
李夢庚興縣人
倪惆鳳臺人十九年任
孔繼儒曲阜人拔貢
劉光甲瀏陽人二十五年任

教授

陳之綎南安人進士雍正間任

許元鍈南靖人進士乾隆六年任

曾元景晉江人進士十八年任

尤番青晉江人進士二十七年任

訓導

林萃岡臺灣人乾隆元年任

施士璟鳳山人

高廷榊晉寧人

盧殿詔永安人

李渭竿同安人

吳秉德龍溪人十九年任

莆田縣知縣

周之瑚平江人雍正十三年任

汪殿英歸安人乾隆二年任

張棓景州人四年任

張繼鏡灌陽人進士四年任

周世紀會稽人進士六年任

王裕賢山陰人十一年任

王文昭淳化人拔貢十三年任　高琦武進人舉人十七年任

汪大經吳縣人進士十九年任　王恒郟城人進士二十二年任

施交燽元和人舉人二十八年任　王潤元和人二十九年任

縣丞

孔天桂滄州人乾隆元年任　王錦漢軍人

盧燗漢軍人　朱象賢長洲人

程渠歙縣人　徐寬汾陽人

顏崇仁永淳人　韓爲雷博羅人

張成器鎮江人　李慧三原人

左疆桐城人二十八年任　吳學孔鄜州人副榜二十九年任

方應綸上元人三十年任　鄭俊業濟寧州人三十二年任

典史

侯一位古浪人乾隆元年任　方德均大興人

曹煜長洲人　汪垣大興人

徐煥鎮平人二十年任

教諭

李嗣岱沙縣人舉人雍正間任　許蓮南靖人乾隆元年任

陳捷昌同安人　張瑛永安人舉人

陳夢蘭晉江人舉人　顏光錫晉江人舉人

江文宮侯官人舉人二十四年任

訓導

姚又崇古田人雍正間任　巫宏祖清流人乾隆八年任

張夢芳閩縣人　陳士俊晉江人

王之機永定人　林中蘭武平人二十五年任

僊遊縣知縣

汪廷英仁和人雍正十二年任　李永書河間人拔貢乾隆二年任

邵成平華亭人三年任　史調華陰人進士六年任

吳炯成都人舉人八年任　陳興祚嘉善人乾隆丁巳進士十年任

辛①士鳳江陰人舉人十七年任　劉欽武進人進士十八年任

賈凝吉絳縣人二十一年任　朱孔璋豐順人二十四年任

校注：①章

任文浦上高人拔貢三十年任　胡啓植①黟縣人三十年任

典史

楊廷佐山陰人乾隆元年任　王彬會稽人

金振嶧②縣人十九年任　葉澧錢塘人

盧兆鈞陽曲人二十五年任

教諭

王殿颺晉江人舉人雍正八年任　陳瀉英長汀人舉人乾隆六年任

徐三連福清人舉人　王文元上杭人舉人

李俅寧化人舉人　梁開芳安溪人舉人

劉德崇閩清人舉人二十年任

校注：①黟　②嶧

訓導

林仕進大田人雍正十二年任　劉源淳浦城人乾隆十年任

何世珝光澤人　饒命稷甌寧人

劉肇璧武平人　江湘南平人

楊天錦閩清人　脩史武平人二十七年任

毛穎永福人二十九年任　林起艮沙縣人三十年任

泉州府知府

錢洙嘉善人乾隆元年任　張鏐正白旗人舉人二年任

王廷評全椒人舉人三年任　姜順龍大名人舉人四年任

張宗純長安人八年任　書成鑲黃旗人十二年任

陳玉友文安人進士十二年任　伊靖阿正紅旗人十二年任

朱禮陶高安人十四年任　高霆祥符人十六年任

顧彝錢塘人十九年任　懷蔭布正黃旗人丙辰進士二十二年任

王綬掖縣人二十九年任　陳之銓嵊縣人三十年任

海防同知

梁須梗正白旗人雍正十三年署　徐士俊江夏人進士乾隆十年任

胡格江夏人舉人十年任　許逢元益都人十三年任

覺羅四明正藍旗人十七年任　楊愚興縣人進士二十一年任

劉增漢軍鑲紅旗人舉人二十三年任

程霖永寧人二十八年任　黃彬漢州人舉人三十年任

西倉同知乾隆六年設改駐石碼同知本缺裁①移臺灣府理番同知三十二年奉文

周岱鑲紅旗人乾隆六年任

周世紀會稽人進士十二年任

張藝漢陽人舉人十四年任

周緝敬新會人舉人十八年任

鄭國望江山人二十年任

韋馱保滿洲鑲黄旗人二十三年任

黄寬武進人進士二十六年任

通判

陳疇九陸豐人舉人乾隆元年任

高繩武大同人五年任

王鄂崑山人六年任

陸鶴海鹽人舉人七年任

李鍾栢濟寧人八年任

楊魁正黄旗人十二年任

石履謙正白旗人十七年任

何愷香山人貢生十九年任

校注：①裁

梁運埕會同人二十九年任

經歷

姚熠夏縣人乾隆元年任 呂作賓大興人

方科贛縣人進士 章文基大興人七年任

楊潔新建人二十二年任 孫履雯會稽人二十九年任

教授

鄭溥海澄人進士雍正十年任 鄧夢庚沙縣人舉人乾隆四年任

陳汝霖莆田人進士七年任 李鎬歸化人進士十七年任

唐山莆田人進士十八年任 孫發曾連江人舉人二十年任

林達福清人舉人二十三年任 林宗懋福清人舉人二十五年任

訓導

虞履泰建陽人雍正三年任　彭宸莆田人乾隆五年任

謝殿舉連江人　鍾濟時候官人

林樵南平人　林雲志崇安人

王際鑅南平人　柳維瑄大田人二十年任

周天眷武平人二十六年任

晉江縣知縣

胡格江夏人舉人雍正十三年任

袁本濂阜平人乾隆三年任　李永書河間人拔貢四年任

胡格六年再任　李永書八年再任

黃昌遇江寧人舉人十年任　裘思通新建人十一年任
李元瑞洪洞人十二年任　王裕璸山陰人十三年任
程運青華亭人舉人十三年任　黃昌遇十四年再任
于從濂星子人進士十八年任　王勳絳州人二十三年任
李允性翼城人進士二十六年任　沈爾棠山陰人進士二十七年任
方鼎海豐人舉人二十八年任
縣丞乾隆三十二年移駐石獅
卞偉鑲紅旗人雍正十二年任　魯光鼎會稽人乾隆七年任
俞泰龍正紅旗人　梁孔昭新會人
韓佐唐湘潭人　劉格木汶上人二十年任

方輔悟桐城人三十三年任　孫象治休寧人二十七年任

典史

魯九思大興人乾隆元年任　李恭扶風人

劉鏞遠華陽人　胡述坤上虞人

蘇文英鄱陽人十六年任　陳許大興人二十八年任

教諭

何奕奇福清人舉人雍正十年任　黃琮候官人舉人乾隆六年任

李騰瑞永安人　高嵩基閩縣人舉人

陳誠莆田人舉人　朱南金莆田人舉人二十年任

訓導

黃文璘 候官人乾隆元年任　李希賢 上杭人

盧拔 永定人　鄭開 永定人

曹蕃 寧洋人　王建中 長泰人

伍光綍① 寧化人　阮朝蛟 詔安人二十四年任

溫前裕 龍巖州人二十六年任　陳長樞 建寧人三十年任

南安縣知縣

曹鑾 全州人進士雍正十三年任

元玉衡 靜海②人拔貢乾隆四年任　張元龍 鄒縣人進士六年任

吳翼翮 湘陰人九年任　侯湧 金匱③人副榜十三年任

李元瑞 洪洞人十二年任　崔國棟 獲鹿人舉人十四年任

校注：①綋　②靜海　③匱

鄒召南漢陽人進士十九年任　伍煒安福人進士二十一年任

靳漢交趙州人舉人二十四年任　王裕增仁和人乾隆庚辰進士三十二年任

縣丞

錢夢洙常熟人雍正間任　魏如玉玉田人乾隆二年任

謝國詔黄①岡人　王泰會宛平人

黄履同上元人十九年任　謝國詔二十九年再任

王再朝宛平籍四川人三十二年任

典史

陳培治青陽人乾隆元年任　李鳳鳴長洲人

高大科貴陽人　范錦仁和人十三年任

校注：①黄

李廷相 大興人二十七年任

教諭

林上錦 閩縣人雍正間任　陳翰墨 建安人舉人乾隆九年任

鄭克燦 閩縣人舉人　鄭兆亨 閩縣人舉人十八年任

林宗懋 福清人舉人　陳居祿 僊遊人舉人

顏家纘 建寧人舉人二十七年任

訓導

曾友顏 長汀人雍正間任　王啓運 漳平人乾隆元年任

吳淅燦 諸羅人　徐世敬 將樂人

李春芳 平和人　李騰裕 永安人

蔡　鳳 漳浦人十九年任

鄭紹開 閩縣人二十六年任

陳　栻 福寧人二十九年任

柳兆澳 太山人三十一年任

惠安縣知縣

馮永振 杭州人舉人乾隆元年任

朱岳楷 上海人舉人四年任

姚廷格 程鄉人舉人四年任

張　栢 直隸人舉人五年任

魯　晉 江南人進士十一年任

劉壽朋 浙江人十一年任

徐德峻 蘭溪人進士十三年任

邵應龍 杭州人副榜十六年任

習　敏 汾宜人舉人十九年任

何翰南 道州人舉人二十年任

鍾文標 太倉人舉人二十三年任

黃　彬 成都人舉人二十三年任

楊廷樺 大興人三十年任

典史

王懷仁 山陰人雍正間任　徐　霖 紹興人乾隆五年任

孫士倬 甘肅人　章兆祥 紹興人

馬　俊　相　時 浙江人

袁　標 浙江人慈谿十一年任　陳萬裕 江西人

王東表 紹興人二十三年任

教諭

林　浤 莆田人舉人雍正間任　李騰瑞 永安人乾隆三年任

張純仁　莊　元 龍溪人舉人

鄭　濤 海澄人　翁大成

李騰瑞十七年再任　林清標莆田人舉人二十六年任

訓導

楊友竹連江人雍正十二年任　吳升乾隆三年任

伍兆松汀州人　韓元澤

郭承統漳州人二十年任　尤昌炯永春州人二十九年任

同安縣知縣

唐孝本武進人舉人雍正十三年任

周岱鑲紅旗人五年任　李芬正藍旗人舉人六年任

張荃昆明人進士九年任　吳翼祖湘陰人拔貢十三年任

白永清正藍旗人十四年任　明新正黃旗人舉人十六年任

鄒召南 漢陽人進士二十四年任　李逢年 嘉應州人舉人二十八年任

吳　鏞 錢塘人舉人二十九年任

縣丞

朱　禾 嘉興人雍正間任　盧國泰 黄安人乾隆二年任

王華賁 荊門州人　王　繇 山陽人

陸調元 吳縣人　陳　紹 昌邑人拔貢十七年任

陳　澐 石門人二十五年任　王廷熙 睢州人三十一年任

典史

沐濟世 宛平人雍正十二年任　吳　鋐① 大興人乾隆十八年任

吳　斌 大興人二十二年任　曾心靈 灌縣人二十九年任

校注：①鋐

汪清山①陰人三十一年任

教諭

黃尚錦龍溪人副榜雍正十三年任

趙鯤飛龍溪人舉人乾隆五年任　何蘭候官人舉人十九年任

羅前蔭候官人舉人二十八年任

訓導

孫芷龍溪人雍正間任　許隆迨南靖人乾隆六年任

朱韶武順昌人　翁交周古田人

黎學安寧化人　黃祖澧羅源人

李振漢閩縣人　黃元甲漳平人二十六年任

校注：①陰

黃梅①龍溪人拔貢三十二年任

安溪縣知縣

王楨諸城人進士雍正十三年任

藍應襲大埔人舉人乾隆三年任有傳

何隆遇桐城人進士九年任

胡世法含山人舉人十三年任

辛②竟可元城人舉人十三年任

周緝敬新會人舉人十五年任

莊成陽湖人舉人十八年任

宋應麟歸安人舉人二十四年任

朱堂③潛江人二十九年任

典史

施展⑤④武清人雍正閒任

盧士吉仁和人乾隆十四年任

校注：①龍　②幸　③潛江　④武清　⑤間

壽元勳 諸暨①人　胡瀚 上元人

張宗茂　陳自芳 澧州人

朱廷儼 大興人　王如璋 廬陵人

周予潛 鄞縣人十八年任

教諭

楊廷珪 閩縣人舉人雍正間任　陳舜任 候官人舉人乾隆三年任

林宗懋 福清人舉人　王勅 閩縣人舉人

江文宮 候官人舉人　方廷楷 平和人舉人二十一年任

黃鍾憲 漳浦人舉人　石國任 閩縣人舉人二十七年任

訓導

校注：①暨

胡檟生永定人乾隆元年任　陳鵬飛尤溪人

朱其寬僊遊人　范學洙諸羅人

林青建陽人　何澤可光澤人二十七年任

林振品長樂人三十一年任

福建續志卷二十三終

福建續志卷二十四

職官二

漳州府知府

高元崑江都人進士雍正十一年任

童華會稽人乾隆二年任　梁須梗正白旗漢軍人二年任

王德純鑲白旗漢軍進士三年任　徐林錢塘人四年任

蕭琰千遼人五年任　周岱鑲紅旗漢軍人八年任

金溶大興人進士十年任　魏崞昆明人十五年任

奇寵阿滿洲正黃旗人　景熤屯留縣人二十三年任十九年任

佘文儀諸暨人乾隆丁巳進士二十三年任

蔣允焄 貴筑人進士二十五年任

劉增 鑲紅旗漢軍舉人二十八年任

張珽 涇陽人二十九年任

張鎧 海豐人三十一年任

海防同知

劉良璧① 衡陽人進士雍正十三年任

錢洙 嘉善人乾隆二年任

張若霳 桐城人七年任

俞大受 仁和人雍正己酉舉人

汪琥 震澤人

程霖 永寧人二十六年任

楊愚 興縣人進士乾隆二十八年任

通判

張嘉誠 海寧人雍正九年任

石之璉 正白旗人乾隆四年任

楊洪 鑲紅旗人十年任

德克精額 正黃旗人二十年任

校注：①璧

嚴文烈大興人二十六年任

經歷

高積純大興人乾隆元年任　徐　瑜正白旗人

沈　鈺仁和人　高樹猷韓城人

俞溥道大興人十九年任　孫玉書蕭山人三十二年任

王執禮仁和人二十九年任　楊開泰融縣人二十九年任

教授

郭　美閩縣人進士雍正十三年任

薛士中閩縣人進士乾隆三年任　鄭漢履福清人進士五年任

陳榮椿候官人進士十七年任　施國寶晉江人三十二年任

訓導

許天池永定人雍正間任　張士箱鳳山人乾隆二年任

江　紀永福人　劉　繖上杭人

陳日來泰寧人　呂士言漳平人

陳開材德化人十八年任　林元桂仙遊人二十九年任

龍溪縣知縣

申景雲吳縣人舉人雍正十三年任

王裕璿山陰人乾隆二年任有傳　李　芬正藍旗漢軍舉人三年任有傳

王裕璿四年再任　李　芬五年再任

章　璠吳縣人六年任　袁本濂阜平人十二年任

許齊卓合肥人拔貢十五年任　陶敦和常熟人雍正乙卯舉人二十一年任

吳宜燮陽湖人進士二十五年任　宋學源鑲紅旗人舉人二十九年任

縣丞

李瓚涉縣人雍正十三年任　王宗孟通州人乾隆十二年任

卞偉鑲紅旗人　徐瑄靈璧人拔貢

李玉柱鑲紅旗漢軍官生二十三年任　宋如淦盧溪人三十一年任

典史

張銳大興人乾隆元年任　陳天德大興人

曹慶貴池人　梁如浩嘉應州人十八年任

王天寵盧江人二十四年任　潘嵩上元人二十七年任

范學山錢塘人二十九年任

教諭

鄒　熊清流人舉人雍正十二年任

洪　潤晉江人舉人乾隆三年任　楊珪璋建安人舉人

鄒尚易上杭人舉人　劉廷錫南安人舉人

劉　坦建陽人舉人　林　昱永春州人十九年任

薛提官上杭人舉人二十七年任

訓導

林王春莆田人雍正十一年任　吳　曇寧洋人乾隆四年任

徐　遴建安人　楊　琮福鼎人

徐加年浦城人　劉沛然閩清人二十年任

丁　宣南平人二十五年任

漳浦縣知縣

長　庚鑲黃旗人乾隆元年任　朱以誠海鹽人進士七年任

袁本濂阜平人八年任　黃　會歷城人十二年任

李　元人十三年任　徐尚忠高安人拔貢十六年任

何治遠鎮遠人舉人二十三年任　徐觀孫順天宛平人舉人三十二年任

縣丞

熊承統石城人雍正十三年任　屈　冠嵩縣人乾隆三年任

許世佐興寧人　陳　鼎海鹽人十六年任

邵維東安人二十四年任

典史

安大猷宛平人乾隆元年任　王三錫會稽人

李令名山陰人　虞好善大興人

于漳滄州人二十八年任　聞人照華亭人三十二年任

教諭

林鵬揚南安人舉人雍正十三年任

黃獻侯官人舉人乾隆六年任　吳名芾晉江人舉人

林國柱莆田人舉人　林聚星侯官人舉人十九年任

陳雲樹福清人舉人二十五年任

訓導

熊文蔚長汀人雍正十三年任　何大山僊遊人乾隆三年任

劉自成建陽人　黃行遂甌寧人

湯集成歸化人二十年任　洪鼎欽建陽人二十六年任

海澄縣知縣

嚴暻烏程人雍正庚戌進士雍正十三年任

黃會歷城人乾隆六年任　汪家琭錢塘人進士十一年任

王作霖安陽人進士二十年任　林鑣平湖人舉人二十年任

陳鍈寧州人進士二十二年任　王作霖二十五年再任

解文燧永豐人三十二年任

縣丞

田大觀樂安人乾隆元年任　陶名世睢州人

沈級山陰人　張乾嘉興人

沈光都臨海人　褚正春長洲人十六年任

郭愈厚夏縣人二十五年任

典史

倪鐘山陰人雍正間任　周宏理山陰人乾隆五年任

沈潮大興人十三年任　孫雲正紅旗人二十五年任

①裘以綸錢塘人二十九年任

教諭

校注：①裘

黃大受福清人舉人雍正十二年任

金星嶶晉江人舉人乾隆十一年任

龔楢三莆田人舉人二十年任

李晉岳閩縣人舉人二十一年任

石國球臺灣人舉人二十六年任

訓導

張萬年侯官人雍正間任

吳而升晉江人乾隆元年任

李長芳永安人

江大材建寧人

吳紹羅羅源人

賴　昭永定人

莊承岴惠安人

張國倫崇安人十九年任

董尚猷崇安人二十六年任

羅正春侯官人三十一年任

南靖縣知縣

袁本濂阜平人雍正十二年任　鄒承垣無錫人進士乾隆三年任

程運青華亭人舉人六年任　姚循義浮梁人拔貢七年任

朱若燦臨桂人舉人十年任　趙崇文揄次人進士十五年任

辛文興章邱人舉人十六年任　曹佩蘭蘭溪人舉人十七年任

何洽遠鎮遠人舉人十八年任　李浚源山陰人舉人二十四年任

李本楠惠民人拔貢二十六年任　崔繹永濟人三十一年任

典史

宗世芳揚州人雍正十三年任　章士華新安人乾隆三年任

陳守仁無錫人　周履忠山陰人

王永芳韓城人　段廷繡陽曲人二十四年任

潘汝果宛平人二十六　范繼宗會稽人二十九年任

教諭

陳帝簡閩縣人舉人雍正間任　李正曜安溪人舉人乾隆三年任

葛奏凱上杭人舉人　林應震同安人舉人二十二年任

訓導

曾景洙閩縣人雍正十三年任　李欽文鳳山人乾隆二年任

斐文英清流人　嚴秉權松溪人

朱澐南平人　周錫瓚甌寧人

鄧延沙縣人　歐斯邁政和人二十年任

劉·書 永春州人二十六年任

吳金鑑 浦城人二十九年任　陳天明 福州人三十年任

長泰縣知縣

劉崇貽 桐城人雍正十三年任　朱以誠 海鹽人進士乾隆三年任

亓式愿 萊蕪人七年任　李得御 大荔人舉人十年任

張懋建 鎮海人拔貢十三年任　陳思齊 潮陽人進士十七年任

李國麟 懷寧人進士二十九年任

典史

張維周 大興人雍正間任　俞大年 宛平人乾隆四年任

唐應銓 山陰人　王鐸 高陵人二十年任

余廷標南城人二十七年任　彭秉智寧都州人三十二年任

教諭

黃獻侯官人舉人雍正間任　郭賜英同安人舉人乾隆二年任

林世俊　賴鵬九上杭人舉人十九年任

李寅亮閩縣人舉人二十七年任

訓導

鄭其灼雍正間任　翁學顯乾隆十三年任

鍾濟時侯官人　林起述

鄭欽隣閩縣人　王三錫同安人

邱楠光澤人二十五年任　陳必第晉江人三十一年任

平和縣知縣

王　溥 山陰人舉人雍正十三年任

錢夢珠 常熟人乾隆元年任　周芬斗 桐城人舉人十年任

益　侯 四川人舉人十七年任　何文耀 荷澤人拔貢二十一年任

胡邦翰 餘姚人進士二十三年任　段　玠 浮山人舉人二十六年任

朱景英 武陵人舉人二十九年任　黎大畹 寧鄉人舉人三十一年任

典史

徐大本 順義人雍正間任　張忠采 順義人乾隆六年任

張法曾 安鄉人　徐國松 山陰人二十五年任

教諭

陳名標 僊遊人舉人雍正間任　林　瑯 安溪人舉人乾隆十二年任

盧觀源 永定人舉人　張廷璋 閩縣人舉人二十六年任

李　璋 侯官人三十年任

訓導

高　嵩 侯官人雍正間任　鄭　琯 福安人乾隆十年任

陳作楫 侯官人　魏允煇 政和人二十二年任

林　霈 莆田人拔貢三十二年任

詔安縣知縣

蘇石麟 朝邑人進士雍正十一年任

王宏珏 張掖人乾隆六年任　姚循義 浮梁人拔貢十年任

費應豫 巴陵人拔貢十三年任　楊愚 興縣人進士十五年任

秦其焆 臨桂人舉人十八年任　呂慕韓 建昌人二十三年任

馮禾 滄州人舉人二十五年任　張所受 靈山人二十七年任

陶浚 滁州人二十九年任　孔繼沂 曲阜人拔貢三十二年任

典史

張德棠 大興人雍正十二年任　叢振基 蠡縣人乾隆二年任

王昆成 大興人　王定國 武功人

馮裕義 慈谿人　袁芳倫 仁和人

衛恒 青谿人十六年任　漆昌熙 新昌人二十九年任

教諭

許觀海同安人舉人雍正十二年任

吳應運閩縣人舉人乾隆七年任　萬師琪晉江人

洪士輔晉江人舉人　黃長茂福清人舉人二十七年任

黃登魁閩縣人舉人二十九年任

訓導

蕭廷翽永定人雍正十三年任　楊德脩同安人乾隆三年任

陳文祖永安人　李士敏臺灣人

林維新寧德人二十年任　黃朝天連江人二十六年任

延平府知府

王　輅諸城人進士雍正八年任　褚　祿青浦人乾隆丁巳進士乾隆三年任

書　成滿洲鑲黃旗人十年任　胡寶琳歙縣人十二年任有傳

高　霆祥符人二十一年任　夏　昌正白旗人二十二年任

傅爾泰滿洲正白旗人二十四年任

通判

樊天溥長洲人乾隆元年任　金承蔭吳縣人五年任

高玉棟江都人六年任　金承蔭八年再任

吳省三昭文人十四年任　劉大忠江陵人二十年任

翟　瓚掖縣人二十二年任　曹夔麒盧江人二十九年任

經歷

黃廷鋐鑲紅旗人雍正間任　崔正仕太平人乾隆二十年任

裘建功宛平人　駱誠山陰人二十六年任

教授

朱潤章莆田人進士雍正八年任　黄元寬福清人進士

吳應造福清人進士乾隆七年任　八年任

吳浣安侯官人進士　楊大鴻詔安人十五

十二年任　年任

施葛春侯官人進士　卓道翼侯官人乾隆壬戌

十八年任　進士二十四年任

何蘭侯官人舉人　張文郁永福人進士

二十九年任　三十年任

訓導

許維嶽僊遊人雍正　陳宗典龍溪人乾隆

間任　二年任

李象樞長汀人　吳元緯連江人乾隆

十三年任

劉廷嵩閩清人　揭繼安歸化人

楊翥鳳安溪人二十六年任　范應斗大田人三十一年任

南平縣知縣

許廷璠臨桂人舉人雍正十一年任

初元美萊陽人拔貢乾隆四年任　劉辰駿武進人八年任

蘇渭生新平人十一年任　陶敦和常熟人舉人十三年任

王訢然金壇人舉人二十二年任　王大𨌺①會稽人拔貢二十二年任

凌碩珖北流人舉人二十四年任　趙愛鑲白旗人舉人二十五年任

衛克堉鳳臺人舉人三十年任　劉世澤博平人貢生三十一年任

縣丞

校注：①輅

金　帶江都人乾隆九年任　　弓名形壽陽人十八年任

何昌楙山陰人二十二年任　　李　霨蔚州人拔貢二十九年任

典史

徐士奇上元人雍正間任　　胡奇觀大興人乾隆四年任

袁兆熊慈谿人乾隆十三年任　　蔡寅基會稽人

劉心一山陰人二十五年任　　方國祥錢塘人二十九年任

陶　墉會稽人三十一年任

教諭

張　憲晉江人舉人雍正三十二年任

吳九美閩縣人舉人乾隆二年任　　莊仰昊同安人舉人

林　達福清人舉人

張曹樘寧洋人舉人乾隆九年任

梁惟燮邵武人舉人

林維新安溪人舉人

陳顯揚福清人舉人

吳名帶晉江人舉人二十二年任

陳士登長樂人舉人二十六年任

訓導

鍾紫幃武平人乾隆元年任

劉艮臣閩清人

謝學淹甌寧人

陳日來泰寧人

王思興惠安人十二年任

江　琯龍溪人

尤　愼羅源人

范時進大田人二十一年任

李振漢閩縣人二十九年任

順昌縣知縣

黃士果 三水人乾隆元年任　李飛 瀘溪人舉人二年任

張荃 昆明人進士五年任　杜文玢 上元人舉人九年任

法重輝 膠州人舉人十年任　陸廣霖 武進人進士十五年任

汪家瑑 錢塘人進士二十年任　陳鉷 寧州人進士二十五年任

縣丞

孫仁 商邱人雍正十三年任　顧載 鹽亭人拔貢乾隆四年任

馮鴻業 代州人　張士正 大興人

鄔德麟 正紅旗人　許廷訓 上元人十九年任

李元培 聊城人拔貢二十二年任　沈元貴 會稽人二十八年任

俞田泰州人三十一年任

典史

胡家脩固安人雍正十一年任　朱和上虞人乾隆十年任

張星集太平人二十九年任　吳奎五陽湖人三十年任

教諭

蔡學乾晉江人舉人雍正八年任　藍孫璿古田人舉人乾隆三年任

李鼎元晉江人舉人　王琰閩縣人舉人

陳兆晶松溪人舉人　朱泗宗惠安人舉人

盧士超建寧人舉人　留燧晉江人舉人

孫灝連江人舉人　陳文誥閩縣人舉人二十六年任

高蔚起閩縣人二十八年任　彭文震崇安人舉人三十二年任

訓導

林炳憲僊遊人雍正十三年任　陳天昌閩縣人乾隆三年任

龔元鉉建安人　謝師申歸化人

江起蛟屏南人十七年任　陳鵬程侯官人二十五年任

程郊福州人二十九年任

將樂縣知縣

劉辰駿武進人雍正十三年任　呂鍾秀饒平人舉人乾隆元年任

杜忠高唐州人舉人九年任　羅登庸衡山人舉人十一年任

靳漢文趙州人舉人十七年任　李永錫澄海人進士二十四年任

程廷栻漢川人三十一年任

典史

蘇涪源會稽人乾隆元年任

徐起昻青陽人

蔡廷軨錢塘人

莫若仁會稽人

洪振輝揭陽人二十六年任

沈古希石埭人

鄧逢恩金谿人二十八年任

教諭

林有沛晉江人舉人乾隆元年任

蔣璽海澄人舉人

李文郁漳平人舉人

謝際泰閩縣人舉人

高嵩基閩縣人舉人二十四年任

許鳴岐侯官人舉人三十一年任

訓導

王琬建安人雍正十二年任　雷起賜寧化人乾隆六年任

葉登揚長泰人　藍天開長汀人

林高飛長泰人　方雲錦永春州人

朱渙慰霞浦人　葛榮客邵武人二十四年任

盧昌裔臺灣人二十九年任

沙縣知縣

魏作霖柘鄉舉人雍正十三年任　葉含一巴州人乾隆三年任

汪塽浮梁人進士九年任　黃秉乾陽春人二十一年任

盛邦翰慈谿人舉人二十二年任　戴洪恩巴陵人舉人二十六年任

縣丞

王履祥　宛平人雍正間任　　涂坤　靖安人乾隆四年任

高錦　壽陽人　　方宸　桐城人

章洽　大興人　　李元培　聊城人二十二年任

禮思鵬　錢塘人二十七年任　　曾順溋　武岡州人三十一年任

典史

桑肕　大興人雍正間任　　杜翻振　天津人乾隆四年任

沈廷揚　石埭人二十一年任　　王昆伸　山陰人三十一年任

教諭

姚夢和　鳳①山人雍正間任　　朱泗宗　惠安人乾隆四年任

校注：①鳳

林達福清人舉人十五年任　施寅亮晉江人舉人二十二年任

訓導

張應時同安人雍正十二年任　林廷芳臺灣人乾隆七年任

陳裘和臺灣人　饒裴恂崇安人二十三年任

張大任建寧人二十七年任

尤溪縣知縣

靳樹漢鑲黃旗舉人雍正十三年任

費應豫巴陵人拔貢乾隆二年任　蔡林蕭山人舉人七年任

鄭其僎石首人舉人十二年任　干從濂星子人進士十四年任

溫成位石城人舉人十七年任　陳鵬新陽人舉人十八年任

孟文偉兗平人舉人十九年任　吳宜燮陽湖人進士二十年任

李允性翼城人進士二十五年任　蔡述謨華容人舉人二十七年任

典史

唐雲漢山陰人雍正間任　彭利濟絳州人乾隆五年任

陳英模會稽人　張峻業武進人十八年任

楊秉和仁和人二十三年任

教諭

林人隆福清人雍正間任　陳學沛連江人乾隆二年任

廖學信泰寧人舉人　林枚光候官人舉人

藍授世漳浦人副榜　楊國球龍溪人舉人

李思哲福清人拔貢　梅　泉光澤人舉人二十七年任

尤廷謨　陳　旭福寧人拔貢二十九年任

訓導

黃元偉臺灣人雍正十三年任　王其森福清人乾隆二年任

夏　璋邵武人　繆　誨福安人

余邦彥寧化人　徐　階浦城人

曹　櫍龍巖州人　曾朝球永春州人

林喬梅寧德人二十三年任　池士美長樂人二十八年任

永安縣知縣

葉　銘武進人進士雍正十一年任

古　植嘉應州人舉人乾隆二年任　張　藝漢陽人舉人九年任

邵應龍餘杭人副榜十三年任　趙崇文榆次人進士十六年任

林其寵文昌人進士二十年任　王裕增仁和人乾隆庚辰進士二十八年任

鄔維肅清鎮人三十一年任

典史

李　楸鄜州人　胡　平山陰人

吳乾庚平陽人　高于飛新津人

張光祖代州人　傅　森宛平人二十年任

史　謙宛平人二十八年任

教諭

張其言晉江人舉人雍正間任　陳時舉晉江人乾隆年任

林侃莆田人舉人　陳金柱福清人舉人

何奏成漳浦人舉人二十年任　陳顯揚侯官人舉人二十四年任

何朝炳閩縣人二十六年任

訓導

賴銓德化人雍正間任　林希俊漳平人乾隆年任

陳士寬邵武人　吳龍顧晉江人十九年任

蔡光傑海澄人二十三年任　林一桂永春州人

林作哲臺灣人三十年任

建寧府知府

臧　琮諸城人康熙丙戌進士乾隆元年任

林與泗孝感人六年任　莊　年長洲人八年任

錫　珠正白旗人八年任　章廷瑨會稽人十年任

徐士俊江夏人進士十二年任　胡　格江夏人舉人十三年任

史曾期荊溪人舉人十五年任　李士璡鑲黃旗人二十年任

段汝霖漢陽人雍正丙午舉人二十一年任

詹　易安義人進士二十九年任

同知

陳肇奎大興人雍正十二年任　何　衢廣元人舉人乾隆九年任

馬彭年溧陽人舉人十年任　甄　錆平定州人進士十一年任

陳玉友文安人進士十二年任　李文驤諸城人十三年任

吳　晸涇縣人十五年任　覺羅奉齊滿洲正藍旗人十九年任

戈熊垣泰州人二十一年任　傅　梅鑲黃旗人二十二年任

孫元相諸城人二十四年任　陳之銓嵊縣人二十七年任

梁善長順德人三十一年任

通判

楊　琪鑲黃旗漢軍雍正十三年任乾隆間裁

經歷

馮國鍼宛平人雍正間任　唐志斌大興人生員乾隆十二年任

靳　竸博野人舉人二十一年任　陳　本○○人二十二年任

蕭廷恩太和人貢生二十三年任　宋大組漢川人三十二年任

教授

朱朗莆田人進士雍正間任　林元德福清人進士乾隆七年任

官偉興建寧人乾隆戊午舉人二十年任

王商霖晉江人進士二十九年任　陳宗達安溪人進士三十一年任

訓導

張鼎閩縣人雍正間任　林之馥永福人乾隆三年任

曾西元德化人　陳元恕永安人二十年任

陳義燦德化人二十六年任　曾之霱惠安人三十年任

建安縣知縣

王元煒諸城人雍正十三年任

王士俊錢塘人進士乾隆六年任

王延丹徒人進士七年任

姚廷格平遠州人舉人十三年任

陳世俊邵陽人舉人二十一年任

徐德峻蘭谿人進士二十一年任

沈爾棠山陰人雍正庚戌進士二十四年任

吳壽平仁和人乾隆癸酉舉人二十七年任

黃流瓚都昌人甲戌進士三十年任

縣丞

馮觀民代州人雍正十二年任

張石汾陽人乾隆六年任

何如桐丹徒人

杜瑛無錫人

于方柱平度州人

魏天城蒲圻人二十一年任

楊耀曾陽湖人二十三年任　程志伊吳縣人

陳崑源溧陽人三十年任

典史

倪景濟會稽人雍正十二年任　楊倬平度州人乾隆七年任

李章城吳縣人二十九年任

教諭

鄭炎福清人舉人雍正十一年任

孫發曾連江人舉人乾隆十六年任

李宗寶閩縣人舉人二十年任　王琰閩縣人舉人

鄭玉文侯官人舉人　曾而坦侯官人舉人

甯鳳儀 建寧人舉人二十六年任　鄭成中 永春州人舉人三十二年任

訓導

張守仁 順昌人雍正十三年任　伊夢求 寧化人乾隆八年任

鍾靈曜 武平人　周寧慧 霞浦人二十一年任

壽寧縣知縣

何衢 廣元人舉人乾隆元年任　戴永樸 烏程人舉人三年任

余教隆 ○○人六年任　陳元齡 ○○人八年任

劉乙甲 ○○人十年任　章文璟 ○○人十六年任

李逢年 平遠州人舉人二十年任　汪玢 開州人丙辰進士二十八年任

姚栴 會稽人舉人三十一年任

縣丞

吳覲光山陽人舉人雍正十三年任

劉正心○○人乾隆三年任

賈賜桓

程述祖

裴鑲

王十洲常熟人十四年任

袁允

譚紫蟾豐順人乾隆二十四年任

典史

王文炌大興人雍正間任

石璜○○人乾隆三年任

朱琦

孟冲

朱國梁

吳宏猷

夏宗本蕭山人二十年任　祝履端浙江人二十九年任

高樹猷韓城人三十二年任

教諭

宋達莆田人舉人雍正十三年任

劉夢魁人乾隆元年任　洪日昇

范蘋大田人舉人　曾而坦侯官人舉人十七年任

楊國球龍溪人舉人二十六年任　李範福清人舉人二十九年任

訓導

林豐玉人乾隆元年任　郭方皐

郭清羅源人十九年任　程雲鶚永福人二十三年任

湯集成　歸化人二十九年任

建陽縣知縣

左宰　桐城人舉人雍正十二年任

許齊卓　合肥人拔貢乾隆十二年任

彭尚祁　長洲人舉人十五年任

李藩　瀏陽人舉人十九年任

華有恒　金匱人二十年任

劉蘭德　滄州人舉人二十三年任

詹登高　饒平人舉人二十八年任

程煥　桃源人舉人三十一年任

縣丞

方元鎧　金華人雍正間任

劉朝相　大興人乾隆五年任

黄達桂　南昌人

鄔德麟　正紅旗人

張純嘏鑲藍旗人　李敦元大興人十八年任

嚴大爲來安人二十三年任　徐熊占陽湖人二十八年任

典史

諸本立順義人雍正十二年任　陳鯉會稽人乾隆四年任

吳聖治山陰人十五年任　蔡逢恩仁和人

王湘蕭山人二十六年任　吳永寧大興人二十八年任

教諭

吳兆松連城人舉人雍正三年任　李巖南安人乾隆九年任

嚴華國閩縣人舉人　曾九喬同安人舉人二十年任

訓導

尤正春 福安人雍正十三年任　王耀祖 晉江人乾隆五年任

凃上琮 泰寧人　黄宏達 龍溪人

吳如皋 連江人十九年任　施文誌 閩縣人

鍾靈耀 武平人二十四年任

崇安縣知縣

劉彤 宜黄人進士雍正十三年任

翟淵 天津人舉人乾隆三年任　陳武嬰 海寧人康熙乙未進士十八年任

劉增 鑲黄旗漢軍舉人九年任　毛大周 新都人舉人十五年任

李倓 聊城人進士十七年任　許元善 魯山人進士二十年任

王璵 鑲黄旗人舉人二十二年任　李允性 翼城人進士二十五年任

柴緝生仁和人進士二十五年任　王吉士富平人舉人二十七年任

李　倓聊城人年再任　蔣元樞常熟人舉人二十一年任

縣丞

移駐星村三十二年題准

毛錫印鄭州人雍正間任　莫嘉龍始興人乾隆三年任

田從政新城人　楊宗熹臨川人八年任

廖　捷崇義人　張松年宜興人十九年任

楊昌基定興人二十四年任　韓佐唐湘潭人二十七年任

汪朝棟歙縣人二十九年任　方應綸上元籍歙縣人三十二年任

典史

喬　玉富平人乾隆七年任　高永懋大興人二十八年任

教諭

鄧夔庚沙縣人舉人雍正間任　吳光祖福清人舉人乾隆四年任

何瀚甌縣人舉人九年任　李清標安溪人舉人十九年任

徐獬建寧人舉人二十三年任　鄧尚潮侯官人舉人三十一年任

訓導

葉爲檀壽寧人雍正十三年任　涂上琮泰寧人乾隆八年任

謝紹鼎長樂人　魏衡齡長樂人

鄧天牖沙縣人　孫瑞炳惠安人十九年任

李時泰光澤人二十一年任　李楷晉江人拔貢三十二年任

浦城縣知縣

顧樾長洲人雍正十三年任　楊允璽乾隆元年再任

李藩瀏陽人舉人七年任　白承清正藍旗人十年任

李元瑞洪洞人十四年任　段珣。。人十六年任

沈楩烏程人十六年任　凃光範。。人十八年任

邊廷魁鑲紅旗人二十一年任　魏宗魯阜城人二十七年任

吳鏞錢塘人二十七年任　莊有儀鶴山人二十九年任

劉秉鈞南豐人舉人三十二年任

縣丞

張朱霖太倉州人進士雍正十一年任　呂萬年。。人乾隆二年任

鄧甡芳　馮謂絳州人七年任

劉希勳　劉壽朋

徐　瑜 鑲白旗人二十年任　杜炳星 青田人二十四年任

陸祖庚 青浦人二十七年任　朱鎬昌 嘉善人三十一年任

典史

傅　釗 鹿邑人雍正間任　顧　鼐 ○○人乾隆十二年任

汪明恢 旌德人十八年任　莊文明 大興人二十五年任

徐　暐 ○○人二十九年任　朱　光 新建人三十一年任

教諭

洪科捷 南安人舉人雍正十三年任

王原威 ○○人乾隆五年任　莊飛鵬 ○○人舉人○○○○○

顏斯謨永春州人十一年任　蕭文光順昌人舉人二十年任

曾應選惠安人舉人二十一年任　宋志達人舉人二十六年任

林炳蔡福清人舉人二十九年任

訓導

林關泉州人乾隆元年任　呂朝光

彭聖垣　陳象儒

張方高臺灣人十一年任　周鐸

脩史武平人二十年任　曾廷試惠安人二十二年任

鄭輔世延平人三十一年任

松溪縣知縣

李元皐程鄉人進士雍正十三年任

潘汝龍歸安人乾隆丁巳進士乾隆三年任

魯晉懷遠人進士十一年任　潘汝誠歸安人乾隆丙辰進士十三年任

談嘉脩寧河人舉人十九年任　陶紹景上元人乾隆戊午舉人二十五年任

彭尚禴長洲人舉人二十六年任　丁王士無錫人舉人三十一年任

縣丞

張文煥大興人雍正間任　陳鼎海寧人乾隆十二年任

石璋恩南人副榜　錢玉榮建德人二十三年任

典史

毛龍餘姚人雍正間任　戴國祚山陰人乾隆十年任

施錫齡大興人十七年任　鄭偉業濟寧州人二十九年任

教諭

周元長樂人雍正間任　羅登標寧化人舉人乾隆三年任

魏敏閩縣人　游紹孔順昌人副榜二十三年任

蔡庭芳晉江人二十七年任

訓導

吳時發海澄人雍正間任　黃乃德永安人乾隆二年任

林澐寧德人　盧超宗永定人十八年任

邱時開寧洋人二十五年任　林超鳳德化人二十八年任

政和縣知縣

戴永樸　烏程人舉人雍正十二年任

袁璹　嘉興人拔貢乾隆三年任　李適　沔陽人舉人八年任

李藩　瀏陽人舉人九年任　陳疇九　惠州人舉人十一年任

溫成位　石城人舉人十三年任　楊棟　無錫人進士十五年任

劉善植　鉛山人舉人十五年任　唐晉　全州人舉人十六年任

黃彬　漢川人舉人十八年任　孫啟淑　華縣人舉人十八年任

譚垣　龍南人進士二十一年任　沈德馨　蕪湖人丙辰進士二十八年任

典史

牟正音　福山人乾隆元年任　潘景安　會稽人

潘逝傑　大興人　俞萬華　上虞人十九年任

朱履厚錢塘人　胡安全長樂人

王廷對景州人　金尚湛山陰人二十五年任

俞萬華上虞人再任

教諭

張纘緒惠安人雍正十三年任　蔡元成晉江人舉人乾隆十年任

張有泌晉江人舉人　吳光祖福清人舉人

黃毅南平人拔貢　石彰愈武平人拔貢十九年任

李僊枝閩縣人拔貢二十五年任　翁長泰侯官人舉人二十八年任

訓導

高倫甲光澤人雍正十三年任　陳璧歸化人乾隆十二年任

林邦雄永福人　蕭炳馨泰寧人拔貢十九年任

馮溶歸化人二十三年任　魏能泰沙縣人二十七年任

王鵬搏永定人二十九年任

邵武府知府

任煥息縣人雍正八年任　魏素蔚洲人乾隆六年任

胡寶琳①歙縣人十年任　王紹文鑲黃旗漢軍十二年任

沈偉業會稽人十三年任　高霔祥符人十四年任

周克昌江寧人十六年任　劉嗣孔綏德人舉人十八年任

楊瑾昆明人二十三年任　張琦涇陽人二十五年任

李士遴鑲紅旗漢軍二十八年任　秦廷基鑲黃旗漢軍②庚午舉人二十九年任

校注：①歙　②庚

張鳳孫華亭人副榜三十一年任

同知

喬茂才寶應人乾隆元年任　曹顯庚石門人九年任

王紹文鑲黃旗漢軍十年任　俞唐仁和人十一年任

劉嗣孔綏德人舉人十四年任　季縉淮寧人十八年任

孟琇蘭州人舉人二十年任　張琜磁州人二十四年任

經歷

張士鵬歷城人雍正十三年任　朱士顯蕭山人乾隆二年任

金文英通州人　俞一鳴昌平州人

郝敬脩高密人　楊茂遷直隸人

黃鳴鳳番禺人　　宓宏謨慈谿人十八年任

薛振翼鄆城人二十二年任　　王世灝山陰人

楊　本錢塘人二十八年任　　吳世燕大興人二十九年任

教授

呂天錫漳浦人進士乾隆元年任　　黃輔極閩縣人進士十年任

陳　善侯官人進士十五年任　　熊　山永定人舉人二十二年任

鄭念榮侯官人舉人二十八年任

訓導

施　燦惠安人乾隆元年任　　郭名鏸①南靖人

張鳴鳳永春人　　黃之正尤溪人

校注：①南靖

李春芳平和人　林志瑞閩縣人

沈利涉詔安人　林鋒侯官人十九年任

周士炎霞浦人二十八年任

邵武縣知縣

吳煦涇縣人乾隆元年任　許世杰平湖人進士三年任

許齊卓合肥人拔貢五年任　王廷樞東鄉人進士八年任

郎棻壽光人舉人十三年任　王勲絳州人十九年任

張墉湘潭人舉人二十二年任　王作霖安陽人進士二十四年任

張廷瑜宛平人舉人二十五年任　李國麟懷安人進士二十八年任

王勲二十九年再任　胡邦翰餘姚人三十一年任

縣丞

陳我輝鄞縣人乾隆元年任　陸元策錢塘人

沈大棨山陰人　袁繕虞翼城人

柴澤灝固城人　宋宏業正藍旗人

楊茂遷東陽人　郭交衛梁山人拔貢

黃　俊大興人二十一年任　何　琳正白旗人二十九年任

典史

胡養懿高平人雍正十年任　王　翰宛平人乾隆三年任

屠士臻大興人　黃　超武城人

蘇芳祖石埭人　金允謙鑲白旗人

李應康芷江人十四年任　周秉寅①金谿人

章逢貴池人二十五年任　王秉文吳縣人二十九年任

教諭

朱九扳晉江人舉人雍正四年任　林恭範福清人舉人乾隆九年任

萬紹煥晉江人舉人　孫振豪浦城人舉人二十年任

伍光鉞寧化人二十五年任

訓導

張繼良尤溪人雍正間任　張宏栻寧德人乾隆四年任

樂元定沙縣人　趙金銘甌寧人歲貢十九年任

李思奮安溪人歲貢二十三年任　洪浩然惠安人

校注：①金谿

陳文瀾 永安人二十八年任

光澤縣知縣

呂鍾秀 湖州人舉人乾隆元年任　李光祚 廣昌人進士元年任

王文沛 正白旗人副榜　張　石 汾陽人九年任

楊開業 汾陽人九年任　何　璠 新繁人舉人十年任

徐尚忠 高安人拔貢十二年任　吳名夏 烏程人進士十二年任

嵇　璇 長洲人十四年任　蔣廷芳 承德人進士十四年任

韓佐唐 湘潭人十七年任　何欽鏞 彭澤人舉人十八年任

鍾文標 寶山人舉人二十一年任　呂慕龍 建昌人二十二年任

叚夔日 樂平人拔貢二十三年任　王　瑶 渭南人進士二十五年任

杜琮新建人三十年任

典史

顧榮吳縣人雍正閏任　唐雲漢○○人乾隆十一年任

陳于京大興人　王萬成善化人

胡安邦　伍又陶山陰人十八年任

向汞年宛平人二十二年任　高泰華莘縣人

李業應州人二十六年任

教諭

張曹禔寧洋人副榜雍正十年任　余日昉大田人拔貢乾隆六年任

王世仁寧化人舉人　李大烈侯官人拔貢十九年任

鄧中美上杭人舉人二十七年任

訓導

蔡纘烈諸羅人雍正十三年任　黃士溎晉江人乾隆五年任

曹思祖寧洋人　林墀漳浦人

顏仲鳳諸羅人二十年任　鄧國亨漳平人二十三年任

建寧縣知縣

楊昌言曲陽人進士乾隆元年任　朱岳楷上海人二年任

劉毓珍寧河人進士三年任　王文昭淳化人拔貢九年任

鄧堅襄陽人舉人十年任　程運青華亭人舉人十二年任

楊岳田陽湖人進士十三年任　徐熊占陽湖人十五年任

黎芝 夾江人舉人十六年任　曹佩 蕭溪人舉人十六年任

王定國 江寧人舉人十七年任　朱山 歸安人進士十九年任

韓琮 通州人舉人二十年任　楊德仁 嘉應州人進士二十九年任

鍾文標 寶山人舉人三十年任　于良鈞 奉天正黃旂人舉人三十二年任

典史

趙遇清 會稽人雍正七年任　施可仕 餘姚人乾隆四年任

王徵 會稽人　孫永祚 昭文人

平岐瑞 紹興人乾隆十九年任　王天燦 南昌人二十九年任

教諭

范正國 上杭人舉人雍正七年任　梁開芳 安溪人舉人乾隆六年任

曾西元德化人舉人　鄭尚易上杭人舉人

陳元聲平和人舉人二十一年任　吳拱日閩縣人舉人二十九年任

訓導

陳　泰漳浦人乾隆元年任　張方高諸羅人

熊元捷連江人　王文緯浦城人

鍾靈毓武平人　葉鐘鳴霞浦人

連如璋德化人十九年任　方乃霞霞浦人二十一年任

邱德孚上杭人二十七年任

泰寧縣知縣

方曰佶桐城人拔貢雍正十二年任

陳志泰 揚州人舉人乾隆九年任　高桐 桐城人進士十四年任

朱山 歸安人進士十七年任　汪瀹原 休寧人舉人十九年任

王潤 元和人二十五年任　施文燾 元和人舉人二十九年任

典史

王聰 甬東人雍正十一年任　支孝緒 陝西人乾隆八年任

包光璧 直隸人　朱廷勷 陝西人

李嘉恂 通州人　宋培仁 貴陽人十九年任

教諭

黃紹德 漳浦人拔貢雍正五年任　康天墀 龍溪人舉人乾隆七年任

周禮 閩縣人拔貢二十四年任　高世偉 侯官人副榜三十年任

連發元永春州人三十年任

訓導

許岡諸羅人雍正七年任　周鎣上杭人乾隆二年任

楊名世將樂人　陳肇嵩長樂人

蔡嗣聲南安人十五年任　朱行玉建陽人

楊邦璽臺灣人二十三年任　陳振緒閩縣人二十九年任

福建續志卷二十四終

福建續志卷二十五

職官三

汀州府知府

王相 諸城人康熙乙酉副榜乾隆元年任

張宗純 長安人七年任

俞敦仁 海寧人康熙庚子舉人八年任

沈偉業 會稽人十年任

曾曰瑛 南昌人十三年任

金宏勳 桐鄉人十八年任

舒寧安 鑲白旗人進士十九年任

高霔 祥符人二十二年任

常有 正黄旗人舉人二十九年任

宋豐綏 長洲人三十一年任

同知

魏素 薊州人雍正十二年任

汪郊 歸安人乾隆二年任

王之琪 儀徵人六年任

徐林 錢塘人十年任

王錫縉 威遠人十四年任

汪獻琛 錢塘人二十年任

覺羅順寧 滿洲鑲紅旗人二十六年任

劉長松 山東人三十一年任

經歷

董聖琳 富平人雍正三年任

葛舜有 大興人乾隆六年任

劉象𫨠 上元人

張位 安鄉人十二年任

鍾偉 上猶人二十四年任

鍾其繡 龍南人二十七年任

陳昌隆 隆昌人二十九年任

教授

許履坦晉江人進士雍正間任　吳應造福清人進士乾隆二年任

許殿輔晉江人進士乾隆四年任　廖飛鵬龍溪人三十一年任

訓導

陳亮疇福清人雍正十一年任　江日陞晉江人乾隆三年任

黃興宗建安人　卓懋功尤溪人

蘇　錦龍巖州人十八年任　廖煒伍安溪人

邱初試惠安人　林其堂建安人二十五年任

黃式金龍溪人二十七年任

長汀縣知縣

李　昌平遠州人舉人乾隆元年任　李圻廣東莞人舉人三年任

方贇謨壽昌人進士六年任　王　浩清苑人舉人九年任

張承灝新會人舉人十二年任　丁　灉山陽人進士十四年任

李　藩瀏陽人舉人二十年任　盛邦翰慈谿人舉人二十二年任

鄒召南漢陽人進士二十二年任　楊廷樺大興人進士二十三年任

方輔悟桐城人三十年任

縣丞

王德瀛錢塘人雍正七年任　陶名世雎州人乾隆五年任

何如桐丹徒人　虞蔭南仁和人

李興祖安福人　李　倓化州人二十五年任

曹永植長洲人三十年任

典史

魯　樂大興人雍正間任

程　元旌德人乾隆二年任

錢之青大興人二十五年任

教諭

劉公篤海澄人舉人乾隆元年任

張雷光閩縣人舉人

林大成長樂人舉人二十年任

張伯謨侯官人舉人二十四年任

曾柏天長樂人舉人二十八年任

訓導

蔡光座鳳山人雍正間任

余日煒將樂人乾隆二年任

王世茂晉江人　陳纙閩縣人

葉榕霞浦人　莊騮珠晉江人

曹蕃寧洋人　鄧熼熙沙縣人二十年任

張可立泉州人二十九年任

寧化縣知縣

沈廷珍吳縣人舉人雍正十三年任

陸廣霖武進人舉人乾隆六年任　許齊卓合肥人拔貢八年任

侯海○○人十年任　戴永樸烏程人舉人十一年任

周天福亳州人十三年任　徐尚忠高安人拔貢十二年任

明新鑲紅旗人十四年任　張元芝含山人十六年任

于方杜 平廣州人二十一年任　陳　鼎 海寧人二十四年任

成履泰 交水人三十一年任　胡邦翰 餘姚人進士三十二年任

縣丞

湯其祿 天津人雍正間任　黃宸章 〇〇人乾隆五年任

葛舜有 大興人　馮應發

梁孔起①　嚴之綸

耿嘉平 館陶人　蔡昌識 上猶人拔貢

虞蔭南 仁和人　姚杰人 平遠州人

郭愈厚　張克明 山陰人二十五年任

陳　本　陳　蘭 〇〇人二十七年任

校注：①超

張景煜○○○○○○○○　翟　吉肥城人三十一年任

典史

張肇基大興人雍正間任　王朝雍○○人乾隆九年任

王錫軫大興人　畢世樹大興人

平兆熊　張　爔浮山人十八年任

姜　斐　李　璽

沈瑞凝○○人二十六年任　仇作霖大興人三十年任

徐　信荆溪人二十一年任

教諭

徐宏祚將樂人舉人乾隆元年任　林學普莆田人舉人

郭朝陽泉州人舉人

黃維喬莆田人舉人十四年任

林斯飛僊遊人舉人二十一年任

黃洪詩羅源人舉人二十九年任

訓導

魏王樞政和人雍正間任

柳維珣大田人乾隆七年任

曹思祖龍巖州人

柳世鋒大田人二十四年任

李□麟□□人二十七年任

吳廷謨福寧人二十九年任

清流縣知縣

劉振斯禹城人進士雍正十三年任

岳攀桂雙流人舉人乾隆六年任

朱瑋滄州人進士十六年任

裴廷洛吉水人進士二十年任

陳琳寧州人進士二十四年任

藥師保正藍旗人進士二十七年任　來益清蕭山人進士二十九年任

路道濟曹縣人三十年任

典史

潘清源大興人雍正十二年任　沈廷將石埭人乾隆三年任

余篤材宛平人　吳昌嗣長洲人十八年任

教諭

陳庚元惠安人舉人雍正間任　許應元龍溪人舉人乾隆七年任

陳金鑾晉江人舉人　謝人驥侯官人舉人有學行人士宗之

翁振綱閩縣人舉人二十八年任

訓導

黄景憲光澤人雍正十一年任　葉高鳴霞浦人乾隆三年任
董邦光尤溪人　鄭匡扆閩清人
蔣應春永春州人　馮㴶邵武人
葛士佩閩縣人　董其事建寧人
呂天茂順昌人二十五年任　孫正盛古田人舉人三十一年任

歸化縣知縣

許騰鶴惠來人進士雍正十三年任
張星煥鑲紅旗人舉人乾隆三年任　張家鑑上海人四年任
石白正白旗人十一年任　王道瀘州人舉人十二年任
許元善魯山人進士十三年任　孟侯太谷人舉人十四年任

譚鶴鵬豐順人舉人十七年任　趙垣項城人進士二十三年任

陳銓長洲人三十年任

典史

胡廷英武陵人雍正十年任　胡鑣錢塘人乾隆四年任

蘇廷璟石埭人　范建安鑲黃旗人二十年任

黃肇澄山陰人二十二年任　陳王緒平陽人

周盛南浮山人二十七年任

教諭

黃祐承古田人乾隆元年任　孫發曾連江人舉人

陸時北惠安人舉人　楊許進南安人舉人

陳一彪閩縣人舉人　黃繼伯南安人

張伯謨侯官人舉人　魏瑚同安人舉人二十一年任

訓導

葉蓍政和人雍正十二年任　林學錦羅源人乾隆二年任

周經建寧人　賴爾發永安人二十年任

施文誌閩縣人　王進昇晉江人二十八年任

劉經文侯官人舉人三十二年任

連城縣知縣

李飛廬陵人舉人雍正十三年任

陳疇九陵豐人舉人乾隆二年任　陸廣霖武進人進士五年任

秦士望宿州人拔貢七年任　王作霖安陽人進士十三年任

徐尚忠高安人拔貢十三年任　翟緝曾楚雄人舉人十七年任

梁鵰鄭州人進士十八年任　王立韓高密人舉人二十二年任

施大培崇明人舉人二十七年任　徐觀孫宛平人二十九年任

徐立崧蘄水人三十二年任

典史

陳瑛會稽人乾隆元年任　傅世柱湘陰人十七年任

陶鏞會稽人二十二年任　張櫂鑑嵩縣人

邛永清宛平人二十七年任

教諭

李鍾德安溪人舉人雍正七年任
湯鳴鶴漳浦人舉人乾隆六年任
趙勷邵武人
張相時莆田人舉人
陳士登長樂人舉人
鄭喆莆田人舉人二十五年任
李開春候官人舉人三十年任

訓導

陳捷昌同安人雍正四年任
丁鼇甌寧人乾隆五年任
林志瑞閩縣人
徐世敬將樂人
楊廷儒將樂人
黃衍惠安人二十二年任
陳從龍安溪人二十九年任

上杭縣知縣

錢廷鏞 歸安人雍正十三年任

陶學植 南城人舉人乾隆五年任

路元升 貴筑人進士三年任

史　圜 歸安人進士四年任有傳

梁　欽 泰和人進士九年任

徐兆麒 江夏人舉人十二年任

趙　成 天津人舉人十二年任

祁　烺 錢塘人舉人十八年任

楊承烈 錢塘人十九年任

衛克堉 澤州人舉人二十年任

顧人驥 如皋人進士二十一年任

潘廷儀 震澤人舉人二十四年任

張元芝 含山人二十六年任

劉蘭德 蒼州人舉人二十七年任

梁俊彥 韓城人進士二十七年任

張可傳 平定州人舉人二十八年任

縣丞

葉維榮 商邱人乾隆元年任

吳宜厚 太谷人

叩大觀樂安人　鄧梓森芷江

王　錦鑲紅旗人　陶名世歸德人

方南濬桐城人　高紹圓嵊縣人

張天德貴陽人二十年任　陳雲錦元和人

李興祖安福人二十五年任

典史

朱恒生大興人雍正十三年任　潘孝思山陰人乾隆五年任

周煥文宛平人　錢成傚大興人

陳君德會稽人　侯大烈鎮原人

王　坦會稽人二十九年任　金　滋浙江人二十九年任

教諭

葉楨沂 福清人舉人雍正十二年任

陳　賡 福清人舉人乾隆二年任

留憲章 南安人舉人

李道濟 安溪人舉人

王　璵 閩縣人舉人

孫　讓 連江人舉人

陳　爔 閩縣人舉人

黃光中 連江人舉人

劉文光 侯官人舉人二十九年任

劉希玉 閩縣人二十九年任

訓導

黃　鋐 將樂人雍正十三年任

陳大典 侯官人乾隆十年任

趙　勷 邵武人

張逢春 同安人

孫克疑惠安人二十七年任　鄭資有龍溪人拔貢三十二年任

武平縣知縣

劉景福陽曲人乾隆元年任　張元龍眉縣人進士四年任

嚴文謨公安人拔貢六年任　章文瑗崇仁人拔貢九年任

吳士元固始人舉人十四年任　秦莘田無錫人進士十六年任

王世法江夏人舉人二十二年任　單烽高密人二十四年任

覺羅官海正黃旗人二十七年任　陳步雲韓城人舉人三十一年任

典史

孫珏山陰人乾隆元年任　高國綸宛平人

張泌大興人　袁善勝會稽人二十七年任

教諭

蘇　徵 南靖人舉人 乾隆元年任

楊子舉 晉江人舉人

孫發曾 連江人舉人

曾重登 永春州人

沈　翥 同安人舉人

鄭念榮 侯官人舉人

陳海若 長樂人舉人 二十八年任

林澄源 侯官人舉人 二十九年任

訓導

范錦元 松溪人雍正間任

朱韶武 順昌人乾隆七年任

許隆追 南靖人

陳滋治 甌寧人

張同人 長泰人

王參瑞 漳浦人

雷天壯 建安人二十八年任

林斗南 仙遊人拔貢 三十二年任

永定縣知縣

程　芳 休寧人乾隆元年任

周緝敬 新會人舉人二年任

許齊卓 合肥人拔貢六年任

林　蓀 永福人舉人八年任

趙　爕 上元人舉人十年任

潘汝龍 歸安人進士十四年任

吳　棟 連平州人舉人十五年任

孫容光 揭陽人舉人十六年任

伍　煒 安福人進士十七年任

衛克堉 鳳臺人舉人二十一年任

張所受 靈山人二十六年任

趙由儆 南豐人副榜二十八年任

胡建偉 三水人進士二十八年任

朱　堂 潛江人二十九年任

彭光斗 ○○○○○○○○○○

張永祥 靜海人三十二年任

典史

夏兆榮 丹徒人乾隆元年任　靳希聖 武清人

陳　谷 錢塘人　王本浩 山陰人

李　驥 長洲人二十二年任　王廷對 景州人

浣國梁 大興人　楊四聰 韓城人

魏嗣業 元和人　伍　煥 山陰人二十九年任

教諭

何賓春 莆田人舉人乾隆元年任　陳嘉猷 泰寧人拔貢

錢王臣 松溪人舉人　蕭大捷 順昌人舉人

趙　盤 同安人舉人　陳鳳舉 連江人舉人

湯鳴鶴 漳浦人舉人　張名標 邵武人舉人二十五年任

訓導

林瑋珩侯官人乾隆元年任　曾源昌同安人

黃稺俊將樂人　郭安侯官人

黃詩古田人　黃世儀光澤人

黃碩寧德人　林天民連江人二十四年任

陳泫惠安人二十六年任　陳德德化人三十年任

福寧府知府

趙琳正白旗人雍正十二年任　馬世樞會稽人乾隆四年任

徐霦仁和人六年任　徐維垣平湖人七年任

郝霔覇州人進士九年任　董啓祚正白旗人十年任

秦仁無錫人副榜十三年任　覺羅四明正藍旗人十七年任

劉嗣孔綏德人舉人十八年任　鍾德鑲白旗人十八年任

傅爾泰正白旗人十八年任　余文儀諸暨人進士十九年任

李拔犍爲人進士二十四年任　額爾金泰滿洲正黃旗舉人二十五年任

郭正家漢陽人二十八年任

通判

陳同善三原人舉人雍正十三年任

張士忠正紅旗人乾隆二年任　張文煥浮山人九年任

何器南昌人十二年任　王鶚崑山人十四年任

馮拭袞大興人十六年任　王櫄睢州人二十九年任

司獄管經歷事

崔國正南城人雍正十二年任　徐必顯山陰人乾隆六年任

魏嗣業元和人三十一年任

教授

聶奕隆建寧人進士雍正十二年任

池光遠晉江人進士乾隆九年任　康天墀龍溪人舉人二十年任

朱仕琇建寧人進士　蔡如襄漳浦人進士

李騰瑞永安人　陳明觀同安人舉人二十八年任

霞浦縣知縣

冷岐暉嘉定人舉人雍正十三年任

陳　策安州人進士乾隆二年任　饒安鼎南豐人舉人五年任

藍應襲大埔人舉人六年任有傳　周天福亳州人十一年任

吳至慎震澤人舉人十二年任　李珊玉平定州人副榜十三年任

胡世珏餘姚人舉人十九年任　魏象烈蒲城人舉人二十四年任

劉振家天津人舉人二十八年任　曹世德奉天正紅旗人舉人三十年任

典史

張士銓紹興人雍正間任　李道源會稽人乾隆三年任

杭文登上虞人　朱　廉會稽人二十二年任

吳聖治山陰人二十八年任

訓導

祖昌英 甌寧人雍正十三年任　林喬檜 古田人乾隆七年任

廖續 大田人　孟行公 順昌人十五年任

謝魯 武平人二十一年任　林長江 漳浦人二十八年任

饒焯 邵武人二十九年任

福鼎縣知縣

傅維祖 鄞縣人舉人乾隆四年任　熊煌 趙州人進士八年任

徐德峻 蘭谿①人進士十二年任　高琦 武進人舉人十三年任

何翰南 道州人舉人十七年任　蕭克昌 咸陽人舉人二十年任

胡建偉 三水人進士二十五年任　趙由儆 南豐人副榜二十八年任

典史

校注：①谿

崔國政南城人乾隆四年任　朱宏宗宛平人

吳山宛平人　俞思孟山陰人

王金印海寧人二十二年任　陳肇泉錢塘人二十六年任

訓導

饒崙南平人乾隆四年任　許隆追南靖人

林成龍晉江人　艾延釗南平人

朱紹武順昌人　金璧龍溪人十六年任

童珩邵武人二十二年任　劉茀漳平人二十一年任

福安縣知縣

蕭荃平樂①人舉人雍正十三年任

校注：①樂

黄　僧山東人拔貢乾隆五年任　劉　靖新鄭人副榜六年任
馬　義正紅旗人七年任　程　芳八年任
周秉官武陵人拔貢九年任　杜　忠高唐人舉人十二年任
秦士望宿州人拔貢十三年任　譚嵩麟豐順人舉人十六年任
陳良士山東人舉人十六年任　夏　瑚仁和人十六年任
黄　彬漢川人舉人二十年任　程志洛上元人二十三年任
張金惠寶山人舉人二十八年任　廖雲魁三十年任

典史

張　洮大興人雍正問任　汪廷美旌德人乾隆七年任
葉啟昆錢塘人　李如璋宛平人

方　斌餘姚人十七年任　王肇渚○○○○○○○

徐同蓀會稽人二十四年任

教諭

陳振甲浦城人拔貢雍正間任　夏明雷建寧人舉人乾隆四年任

林學海閩縣人副榜　湯霈遠上杭人拔貢

吳　鵬南安人副榜　吳鵬從寧洋人拔貢十七年任

富世標泉州人舉人　曾元文泉州人舉人二十七年任

訓導

蘭廷㯽①連江人雍正十三年任　彭　鴻永福人乾隆十年任

林紹②裕永福人拔貢　鄭運昌寧化人二十五年任

校注：①樹　②紹裕

劉士傑福州人二十七年任

寧德縣知縣

嵇岳延德清人雍正十三年任　黃昌遇江寧人舉人乾隆七年任

周天福亳州人九年任　徐兆麒江夏人舉人十三年任

習　敏分宜人舉人十五年任　朱景英武陵人舉人十九年任

李長青黃岡人進士二十年任　楚文暻南鄭人進士二十一年任

鍾文標寶山人舉人二十七年任　楊德仁嘉應州人三十年任

縣丞

潘毓賢山陰人雍正十二年任　張　章滄州人舉人乾隆三年任

張元芝含山人　顏崇仁永淳人

錢國豐山陰人十八年任　顧南金華亭人

員　誌三原人二十四年任　羅　經宛平人二十八年任

典史

柴績祖聞喜人乾隆元年任　陳天叙宛平人

洪肇彬宛平人　胡自立大興人十九年任

李　璽德慶州人　李　莘鄞縣人二十七年任

教諭

陳時泰東安人副榜雍正間任　李　蘗海澄人舉人乾隆二年任

康匪開龍溪人副榜　董天工崇安人拔貢

萬斯年建寧人拔貢　孫　巍龍溪人恩貢

林振品長樂人舉人　陳　軾惠安人舉人二十一年任

王有良漳州人副榜三十年任

訓導

張　遂平和人雍正間任　陸龍文政和人乾隆二年任

孫文振龍溪人　楊　及平和人

許　智閩清人　范吉人大田人

周世麒浦城人二十六年任　馮上璦延平人二十九年任

壽寧縣知縣

馬大紀上元人舉人雍正十一年任

潘質厚濟寧人舉人乾隆十年任　吳　承宜興人舉人二十年任

丁居信儀徵人進士　宋應麟歸安人舉人二十年任

陳紳麻哈州人拔貢二十一年任　潘廷儀震澤人舉人二十七年任

郭令宣析州人三十年任

典史

王之錫無錫人　魏佳樑盧陵人

王崑標會稽人　陶景元會稽人

李際時嘉應州人乾隆二十二年任　李□月良鄉人三十一年任

教諭

吳叨光沙縣人　賴濟堂永定人舉人

高藹基侯官人舉人　薛鍾英上杭人舉人二十年任

何嵩 侯官人副榜二十三年任

訓導

曾超宗 同安人　林渭起 古田人

熊楫 將樂人　許廷進 南靖人

劉廷勳 延平人歲貢二十九年任

臺灣府知府

徐治民 山陰人拔貢雍正十三年任

劉良璧 衡陽人進士乾隆二年任　錢洙 嘉興人五年任

范昌治 鄞縣人七年任　褚祿 青浦人進士十年任

方邦基 仁和人進士十二年任　陳玉友 淳化人十七年任

曾曰瑛南昌人十八年任有傳　鍾德鑲白旗人十九年任
覺羅四明正藍旗人二十二年任　佘文儀諸暨人進士二十五年任
蔣允焄貴筑人進士二十八年任　秦廷基○○○○○○○
鄒應元金匱人三十一年任

海防同知

徐林錢塘人雍正十三年任　魏素蔚州人乾隆二年任
郝霔霸州人進士五年任　方邦基仁和人進士七年任
梁須楩正白旗人十一年任　張若霳桐城人十一年任
俞唐仁和人十四年任　王文昭淳化人拔貢十七年任
傅爾泰正白旗人十九年任　宋清源江南人二十三年任

何煜季山人二十六年任　徐德峻蘭谿人進士二十八年任

魯楷會稽人三十二年任

淡水同知

趙奇芳廣東人進士乾隆元年任　戴大晃上元人四年任

曾日瑛南昌人十年任　陳玉友淳化人十三年任

王鶚崑山人十六年任　王錫縉威遠人二十年任

楊愚興縣人進士二十三年任　于從濂星子人進士二十五年任

夏瑚仁和人二十八年任　李浚源會稽人舉人二十九年任

段玠浮山人舉人三十一年任

理番同知三十二年題設

張所受 靈山人三十三年任

澎湖通判

曹顯庚 嘉興人雍正十三年任

胡格 江夏人舉人乾隆三年任

王鴞 崑山人五年任

陸鶴 海鹽人舉人八年任

汪天來 碭山人十年任

楊琪 鑲藍旗人十三年任

何器 豐城人十四年任

王祖慶 華亭人十八年任

張琛 磁州人二十七年任

王櫶 雎州人二十三年任

張思振 齊東人二十七年任

胡建偉 三水人三十一年任

經歷

王嗣彥 宛平人雍正十三年任

朱士顯 蕭山人乾隆四年任

余文英通州人
葛舜有大興人
王如璋盧陵人
郝敬脩高密人
包融大興人
沈鈺仁和人
宓宏謨慈谿人
裘建功宛平人二十六年任
孫玉書蕭山人二十九年任

教授

吳開業海澄人進士雍正十二年任
郭美閩縣人進士乾隆三年任
薛士中閩縣人進士五年任
吳應造福清人進士九年任
黃元寬福清人進士十二年任
林元德福清人進士十五年任
謝家樹歸化人進士十七年任

唐山 莆田人進士十年任　王士龕 惠安人進士二十三年任

謝家樹 二十六年再任　官偉 建寧人二十九年任

訓導

袁宏仁 建陽人雍正十三年任　李瓊林 汀州人乾隆三年任

楊友竹 連江人　李長芳 永安人

蕭國琦 惠安人　林起述 沙縣人

曾應選 惠安人　鄭克容 永春州人

王之璣 永定人　陳鵬程 候官人二十八年任

臺灣①縣知縣

呂天茂 順昌人三十一年任

校注：①灣

林興泗孝感人雍正十二年任　馮紹立宜賓人舉人乾隆二年任

殷鳳梧金山人三年任　袁本濂阜安人四年任

朱岳楷上海人五年任　楊允壐大埔人進士七年任

朱闓權安邑人九年任　趙燮上元人舉人十一年任

魯鼎梅新城人進士十四年任　劉辰駿江蘇人十七年任

章士鳳江蘇人舉人十八年任　孟侯山西人舉人二十二年任

夏瑚仁和人二十三年任　陶紹景上元人舉人二十七年任

趙愛鑲白旗人三十年任

縣丞

鄧梓森浙江人雍正十三年任　潘毓賢山陰人乾隆三年任

虞蘐南仁和人　趙　軾臨蕭山人

吳開福全椒人　相　時仁和人

洪　冕祁門人　韓佐唐湖廣人

吳昌傳直隸人拔貢　楊耀曾江蘇人

嚴大爲來安人二十八年任　曾曰琇南昌人三十一年任

典史

李　俊巴陵人雍正閒任　唐裔鏡山陰人乾隆三年任

李道源會稽人　趙大有大興人

馮裕義慈谿人　邢肇仍常熟人

耳孔木浙江人　吳　紘順天人

汪明恢旌德人　虞好善山陰人二十八年任

李際時嘉應州人三十一年任

教諭

陳霄九南靖舉人雍正十三年任　徐宏祚將樂人舉人乾隆六年任

李鍾德安溪人舉人　吳光祖福清人舉人

朱升元晉江人舉人　陳藻莆田人舉人

官偉建寧人舉人　林清元安溪人舉人

何奏成漳浦人舉人二十四年任　張伯謨侯官人舉人二十九年任

訓導

薛雲甌寧人雍正十三年任　黃文濬侯官人乾隆三年任

吳　曇寧洋人　伍兆崧寧化人

郭　安候官人　江　琯海澄人

方雲錦永春州人　黎學安寧化人二十年任

李騰鎔永安人　蕭炳馨泰寧人

陳元恕永安人二十七年任　何澤可○○○○○○

董尚猷崇安人三十一年任

鳳山縣知縣

方邦基仁和人進士雍正十三年任　程　芳休寧人乾隆三年任

鄒承垣無錫人進士六年任　呂鍾琇饒平人舉人九年任

陳志泰甘泉人舉人十四年任　吳士元光州人舉人十七年任

丁居信儀徵人進士二十年任　秦其熠臨桂人舉人二十三年任

王瑛曾無錫人舉人二十五年任　譚垣龍南人進士二十八年任

縣丞

劉長善華州人雍正間任　李國桐揭陽人乾隆四年任

魯光鼎會稽人　吳開福全椒人

裴鑲武陵人　馮鴻業代州人

顏崇仁永寧人　顧南金華亭人

杜炳星青田人二十八年任　陸祖庚青浦人三十一年任

典史

張玉生順天人雍正間任　沈大榮安肅人乾隆元年任

柴續祖聞喜人　孫之震仁和人
劉鎮遠華陽人　徐霖錢塘人
王萬成善化人　伍又陶山陰人
蔡逢恩仁和人　韓珙臺州人
茹樂山會稽人二十八年任　趙明山大興人三十一年任

教諭

徐文炳建陽人雍正間任　周元長樂人拔貢乾隆三年任
何翼奇福清人舉人　莊元龍溪人舉人
官翰琦安溪人舉人　張有泌晉江人舉人
范蘋長汀人舉人　李鍾問安溪人舉人

謝際泰閩縣人舉人　陳明觀同安人舉人

朱仕玠建寧人拔貢二十八年任　陳先聲平和人舉人二十九年任

訓導

江永鑑侯官人雍正十三年任　曾景洙閩縣人拔貢乾隆二年任

王世茂晉江人　吳升寧洋人

朱澐南平人　陳日來泰寧人

李騰[illegible][illegible]安人　劉自成建陽人

黃維[illegible]安人　林紹裕永福人拔貢

鈕謙光[illegible]城人二十八年任　陳汯惠安人三十年任

諸羅縣知縣

戴大晃上元人雍正十三年任　何衢廣元人舉人乾隆四年任

嚴暻烏程人進士六年任　林葵永福人舉人十年任

周緝敬新會人舉人十年任　周芬斗桐城人舉人十四年任

徐德峻蘭谿人進士十六年任　辛竟可元城人舉人二十年任

李倓聊城人進士二十二年任　衛克堉鳳臺人舉人二十六年任

張所受靈山人二十八年任

縣丞

周天福大興人雍正十三年任　劉洵高陵人乾隆二年任

姚國興正藍旗人副榜　賈賜桓洛川人

程述祖上元人　沈光郁寧海人

嵇璇長洲人　張天德貴筑人拔貢
姚杰人平遠州人　韓衍槐汾陽人二十七年任
李倓化州人三十年任

典史

屠玢通州人雍正十一年任　陳上達兖平人乾隆三年任
倪景濟會稽人　李鳳鳴長洲人
葉啓崑大興人　金允謙鑲白旗人
顧鼒天津人　沈尚驥會稽人
周兆新薊州人二十六年任　孫雲正紅旗人二十九年任

教諭

藍國佐漳浦人舉人雍正十三年任　陳光縉泰寧人舉人

陳振甲浦城人拔貢乾隆三年任　李廷瑞永定人

林　達福清人舉人　劉　坦建陽人舉人

李　經晉江人舉人　盧觀源永定人舉人

李清標安溪人舉人

劉　松邵武人舉人二十九年任

訓導

李時升莆田人乾隆元年任　李嘉仕建陽人

鍾紫幃武平人　陳　繩閩縣人

陳治滋甌寧人　蕭廷謨建陽人

李騰瑢 永安人

傅其英 安溪人拔貢

蔡光傑 海澄人二十六年任

陳開材 德化人二十九年任

吳金鑑 浦城人三十年任

彰化縣知縣

秦士望 宿州人拔貢雍正十二年任

劉埥 新鄭人副榜乾隆二年任

許廷璠 人五年任

費應豫 巴陵人六年任

陸廣霖 武進人進士九年任

蘇渭生 人十三年任

程運青 江蘇人舉人十六年任

劉辰駿 江蘇人十八年任

朱山 歸安人進士二十年任

張世珍 臨潼人二十三年任

胡邦翰 餘姚人進士二十六年任

韓　琮通州人舉人二十九年任

縣丞乾隆二十四年新設駐貓羅南投社

張成器丹徒人二十四年任　張克明山陰人貢生二十七年任

禮思鵬錢塘人三十一年任

典史

邢繼周洪洞縣人雍正十一年任　張維周乾隆二年任

唐雲漢　王兆基

朱　江　陳于京

李介名　張峻業

仇作霖　夏宗本蕭山人二十九年任

余　仍大埔人三十二年任

教諭

薩學天侯官人舉人雍正十三年任

鄒　熊乾隆二年任　范正國上杭人舉人

藍孫璿古田人　董天工崇安人

李　述寧化人舉人　洪大鵬

鄭兆亨閩縣人舉人　蕭際恩延平人舉人

孫　讓連江人舉人二十七年任　黃長茂福清人舉人二十九年任

訓導

康　岳乾隆元年任　胡檀生永定人

朱韶武 順昌人　陳大典 侯官人

鍾靈毓 武平人　陳鵬程 侯官人

脩史 武平人　林虎榜 漳浦人

柳世鋒 二十七年任　曾廷試 惠安人三十年任

永春州知州

杜昌丁 青浦人副榜雍正十三年任有傳

劉埥 新鄭人副榜乾隆七年任　劉毓珍 寧河人進士十年任

杜昌丁 十二年再任　李芬 正白旗人舉人十四年署

杜昌丁 十五年再任　嘉謨 鑲藍旗人二十九年任

州同

涂振楚江西人舉人乾隆元年任　宋世榮孝感人舉人

李國璠鄞縣人舉人　李元瑞洪洞人

李以忞荷澤人舉人　劉其輝攸縣人舉人二十年任

王　逵太和人舉人二十四年任　李經芳高邑人舉人二十八年任

吏目

宋如阜聞喜人雍正十三年任　潘毓賢大興人乾隆五年任

蔣　棻桐城人　周元豐旌德人

蔡昌識上猶人拔貢二十二年任　隆於禮鄷都人三十一年任

學正

吳棌宗泰寧人舉人雍正十三年任

楊必名順昌人拔貢乾隆三年任　王交光上杭人舉人

張翼翔光澤人舉人二十年任　羅吉人侯官人舉人二十八年任

訓導

莊琛晉江人乾隆元年任　薛際培長泰人

謝光連江人　郭安侯官人

林遇恩羅源人十八年任　林日高臺灣人

林三重莆田人二十三年任　蔡梅長泰人二十七年任

德化縣知縣

黃南春鎮平人進士雍正十一年任

梁明德五臺人進士乾隆七年任　曾鼎梅新城人進士八年任

曾光儀龍南人舉人十四年任　唐國秀桂林人舉人十六年任

奇寵格鑲白旗人十八年任　周　植新陽人進士二十年任

朱　洽安邑人進士二十三年任　都　鏞海寧人進士二十五年任

王右弼齊東人三十年任

典史

魯如岳宛平人雍正十三年任　陸兆龍秀水人乾隆六年任

王　佐宛平人　章　錫涿州人十四年任

教諭

石　澄龍巖州人拔貢雍正十三年任　林中梅晉江人乾隆七年任

林原載閩縣人副榜　曾　晉邵武人舉人

田夢鯉惠安人舉人　朱仕玠建寧人拔貢二十五年任

劉　松邵武人舉人二十八年任　賴余楫延平人二十九年任

訓導

林夢龍古田人雍正十三年任　鄭士豪壽寧人乾隆四年任

蕭國琦惠安人　李秉坤晉江人

鄒式程古田人　鄭達三海澄人

李日炳古田人二十二年任　朱　芾臺灣人二十七年任

大田縣知縣

葉雲拱金華人進士雍正十二年任

陳　浩通海人舉人乾隆三年任　楊士重汲縣人進士六年任

榮健陽曲人舉人十年任　萬世仁黃陂人進士十年任

嚴暻烏程人進士十二年任　王文沛正白旗人十三年任

蔣炳常熟人十五年任　徐有經四和人拔貢十六年任有傳

楊士重十九年刑任　林廷和江都人舉人二十二年任

任景瀚高密人副榜二十六年任　汪淪原休寧人二十九年任

典史

沈士夔永清人雍正八年任　黃儀大興人乾隆九年任

張興時內黃人十八年任　張廷楷大興人三十二年任

教諭

鄭豐年莆田人拔貢雍正十年任　馬繁禧長汀人拔貢乾隆六年任

朱鑾章建陽人舉人　葉銘順昌人舉人

楊玉山平和人拔貢二十九年任　徐時新建寧人拔貢二十九年任

訓導

李之浣漳平人雍正十二年任　陳煥閩清人乾隆三年任

羅廣任長汀人　黃瀚崇安人

謝時行龍巖州人　林虎榜漳浦人

張賡霞浦人二十四年任　張玉璿○○○○○○○

陳棠候官人三十一年任

龍巖州知州

張廷球桐城人雍正十三年任　劉夢驌城武人乾隆十年任

梁秉睿臨桂人進士十三年任　奇靈阿正黃旗人十五年任
劉永鉞鑲紅旗人十九年任　四格鑲黃旗人二十年任
嘉謨鑲藍旗人二十一年任　郭世勳正紅旗人二十九年任

州同

楊緇武陵人舉人雍正十三年任
周開豐巴縣人舉人乾隆八年任　程欽章上蔡人舉人
彭天禧雲南人舉人十八年任　馮泰蒙自人舉人二十二年任
李瑛石屏人舉人　何士岐香山人舉人二十七年任
崔揵安陽人二十九年任　王椿興寧人三十一年任

吏目

賞　鑛大興人雍正十三年任　胡文熙山陰人乾隆十五年任

王廷對景州人二十八年任　胡寶林大興籍浙江人三十一年任

學正

葉日燦閩縣人舉人雍正十二年任

莊　元龍溪人舉人乾隆二年任　陳　成長樂人舉人

童宏宗連城人舉人十七年任　梁維燮邵武人舉人

顏光錫晉江人舉人二十六年任

訓導

葉駿昌松溪人乾隆元年任　熊孫蓮永定人

曾天鑑永春州人　張丁顯永定人

葉廷推 海澄人進士

鄭惠琦 德化人

朱元輔 順昌人二十五年任

楊格 建安人三十年任

漳平縣知縣

傅維祖 鄞縣人舉人雍正十三年任

章璠 吳縣人五年任

魏士健 相鄉人乾隆四年任

劉之麟 三水人六年任

趙燮 上元縣舉人九年任

董天懿 平越人舉人十年任

廖鋕強 雒容縣舉人十年任

石白 正白旗人十二年任

趙崇 榆次縣進士十四年任

曹錀 全州人舉人十九年任

傅國勷 衡陽人舉人二十一年任

何維新 南海人舉人三十年任

典史

王適遵化人雍正間任

武爾定太谷人乾隆四年任

王嘉祐武進人十二年任

徐禮宜興人

董思殷曲沃人二十四年任

趙明山大興人二十六年任

甯景昌上元人三十一年任

教諭

蔡復旦臺灣人雍正間任

孫隆惠安人舉人乾隆二年任

官偉建寧人舉人

薛宸翰閩縣人舉人十九年任

鄭艮翰福州人舉人二十四年任

訓導

劉　芳沙縣人雍正間任　賴洪圖永安人乾隆十年任

柯　玠永福人　陳煥世惠安人二十二年任

項　思連城人二十七年任

寧洋縣知縣

黄靖世即墨人舉人雍正十年任　楊名宁江蘇人拔貢乾隆八年任

袁儒忠順天人進士九年任　徐宗元江蘇人舉人十五年任

馬　錦陝西人舉人二十一年任　岳　瀚山西人進士二十六年任

孫似茗雲南人舉人二十七年任

典史

趙大有大興人雍正間任　謝　彬浙江人乾隆十年任

尚從聖山東平度州人十一年任　沈紹文江蘇人

胡　俊湖北荊門人二十一年任　高泰華山東人

張　佐湖南人二十八年任

訓導

陳尚昜臺灣人雍正間任　李象樞長汀人乾隆七年任

栁　葉大田人　董天錫崇安人

曾應選惠安人　謝　濤甌寧人十五年任

鄭觀成閩縣人二十二年任　林天樞福清人三十一年任

福建續志卷二十五終

福建續志卷二十六

職官四

鎮守

鎮守福州等處將軍

阿爾賽 正黃旗人雍正七年任　隆昇 鑲白旗人乾隆二年任

策楞 鑲黃旗人五年任　新柱 鑲黃旗人八年任

馬爾拜 正白旗人十三年任　德敏 鑲白旗人十四年任

新柱 十五年再任　德馨 鑲黃旗人十六年任

新柱 十七年再任　社圖肯 正紅旗人二十四年任

福增格 正黃旗人二十七年任　明福 鑲藍旗人二十九年任

左翼副都統

陳世璠鑲白旗人雍正十三年任　沈之仁正白旗人乾隆六年任

安致中鑲白旗人八年任　鄧廷相鑲白旗人九年任

范宜謙鑲黃旗人十四年任　齊斌鑲黃旗人十六年任

明福鑲藍旗人二十年任　常達正紅旗人二十六年任

右翼副都統

藺炤鑲黃旗人雍正十三年任　曹瑛正黃旗人乾隆十六年任

富爾松阿正藍旗人二十三年任　明瑞鑲藍旗人

富爾松阿二十七年再任　達色正黃旗人二十八年任

提督

陸路提督總兵官

蘇明良海澄人雍正十三年任　武進陞吉州人乾隆八年任

李繩武正黃旗人十四年任　吳進義寧夏人十四年任

譚行義潼州人十六年任　馬負書鑲黃旗人十六年任

水師提督總兵官

王郡乾州人雍正十一年任　張天駿錢塘人乾隆十一年任

林君陞同安人十六年任　李有用長安人十七年任

胡貴同安人二十二年任　馬大用懷寧人二十三年任

馬龍圖潮陽人二十四年任　甘國寶古田人二十六年任

黃仕簡平和人二十八年以海澄公任

總兵

海壇鎮總兵官

蔡　勇晉江人　　黃有才同安人

焦景鋐陜西人　　陳汝鍵

袁　政江南人　　楊　瑞廣東人

林　洛晉江人　　甘國寶古田人

黃士俊　　楊　瑞廣東人

章　紳天津人

金門鎮總兵官

許國膺龍溪人　　魏國泰同安人

林君陞同安人　孟伍進江寧人
陳謝勇詔安人　馮淮寧夏人
楊天柱通州人　游金輅辰溪人
談秀新會人

漳州鎮總兵官

譚行義漳州人　龍有印四川人
雷澤遠江夏人　黄貴成都人
哈攀龍直隸人　馬負書鑲黄旗人
富海鑲紅旗人　王無黨直隸人
任澍寧夏人

南澚鎮總兵官

張天駿 錢塘人　黃錫甲 平和人

黃有才 同安人　李 琨 鑲白旗人

何 勉 候官人　陳林每 莆田人

倪鴻範 晉江人　甘國寶 古田人

黃世桓 詔安人　葉相德 歸安人

建寧鎮總兵官

項朝選 上元人　岳鍾璜 成都人

蕭 瑔 閩中人　薛 瓓 高密人

袁 政 徐州人　傅 祿 正白旗人

馮　滙寧夏人　　靳維楓中牟人

陳光祖長安人　　養　善鑲白旗人舉人

覺羅西琳正紅旗人　　楊　瑞海陽人

陳光祖長安人　　黃正綱羅源人

眉　壽鑲白旗人

汀州鎮總兵官

王朝璘鑲紅旗人　　林君陞同安人

馬　驥寧夏人　　黃有才同安人

黃　貴成都人　　王之琳惠安人

和　明鑲黃旗人　　李　勳鎮遠人

編　桂鑲白旗人　官德滋大興人

福寧鎮總兵官

馬　驥寧夏人　沈力學寧夏人

雷澤遠江夏人　烏麗珠蒙古人

李有用成都人　葛世雄寧武人

鄂　海正紅旗人　富　海鑲紅旗人

任　澍寧夏人　承　明正藍旗人

德　興正藍旗人　王　巍亳州人

臺灣鎮總兵官

蘇明良海澄人　馬　驥寧夏人

章　隆福州人　何　勉福州人
張天駿錢塘人　陳汝鍵龍溪人
蕭　琭閩中人　薛　瑞高密人
李有用四川人　林君陞同安人
馬負書鑲黃旗人　陳林每莆田人
林　洛晉江人　馬龍圖潮陽人
甘國寶古田人　游金輅辰溪人
楊　瑞海陽人

副將

將軍標左營

李有用四川人　劉　忠四川人

福　格鑲白旗人

督標中營

江化龍番禺人　侯元勳山西人

張凌霞太谷人　郭爾敏正黄旗人

寶　寧平定州人　張文成蘭州人

靜格訥鑲紅旗人

福州城守營

江化龍番禺人　楊　永華亭人

茹　銳晉州人　舒　德鑲藍旗人

金　保　　　　　　傅森布鑲黃旗人

閩安協鎮

王　濤海陽人　　　　高得志江南人

顧元亮新寧人　　　　孟伍進江寧人

陳林每莆田人　　　　敖　臨陽春人

張　燦惠來人　　　　林　洛晉江人

邱有章晉江人　　　　葉相德歸安人

沈廷耀韶安人　　　　魏宗聖永嘉人

裴　鋭武陵人　　　　趙一琴永嘉人

興化協鎮

王　英浙江人　黄正中
張良卿長安人　哈攀龍直隸人
馬龍圖潮陽人　梁峙楹長安人
福　柱鑲白旗人　楊　普正白旗人
觀　柱正白旗人　那蘭泰正藍旗人

延平協鎮

梁峙楹長安人　陳　益寧夏人
徐豪熊沂州人　郭宏基大同人
楊　普正白旗人　劉漢傑遵化人
賓　寧平定州人　張文成蘭州人

李如筠咸寧人

臺灣北路營

觀　桂蒙古正白旗人

臺灣水師協

陳倫烱同安人　高得志崇明人

王　清海陽人　林榮茂海澄人

施必功晉江人　林　洛晉江人

沈廷耀詔安人　張　勇惠安人

陳啓燦晉江人

澎湖水師協

顧元亮新寧人　李維揚陽春人

高得志崇明人　楊瑞海陽人

邱①有章晉江人　江起蛟浙江人

參將

督標左營

苟琮四川人　陳李得浙江人

楊廷栻鑲藍旗人　靜格訥鑲紅旗人

周承謨　吉孔惠曲沃人

督標右營

侯元勳大同人　孫士彪陝西人

校注：①邱

王守乾陝西人　張凌霄太谷人

伊靈阿鑲黃旗人　劉漢傑遵化人

吳納錫　張世英

劉奇偉雲南人

督標水師營

侯元勳大同人　伍孟進江寧人

劉使同安人　張勇惠安人

張燦廣東人　歐陽敏同安人

葉相德　鄭張廷廣東人

撫標左營

黃正中正白旗人　韓之桂江夏人

徐大成泰興人　李兆南海人

林興耀平陽人　賓寧平定州人

納昇額鑲黃旗人　李淥鑲黃旗人

唐紹堯江陵人　福森布鑲黃旗人

翁達南寧人

陸路提標中營

潘躍龍宣化人　呂九如兗州人

李天培大同人　馬龍圖海陽人

哈國龍直隸人　劉漢傑遵化人

李　兆南海人　　李如筠西安人

顧　鉉江寧人　　福　興正黃旗人

盧日盛廣州人　　周廷鳳潮州人

水師提標中營

王　濤廣東人　　高　地晉江人

任文龍永嘉人　　施必功晉江人

邨[1]有章晉江人　　沈廷耀詔安人

聶昊昭高州人　　張　燦廣東人

張　勇惠安人　　林　貴晉江人

藍國機漳浦人　　王陳榮同安人

校注：①邱

謝王福晉江人　姚應夢
溫　泰東莞人

長福營

張良翊長安人　吳成玉陝西人
哈國龍直隸人　馬龍圖潮陽人
朱光正浙江人　史　譽陝西人
明　綬鑲白旗人　李如筠西安人

泉州城守營

白世璘陽西人　董文宗臨海人
亢永瑞鑲黃旗人　陳廷桂直隸人

黃正綱羅源人　王繼石泉人

李文成蘭州人　高志唐昌邑人

巴哈那正白旗人　李雲標直隸人

索渾鑲白旗人

同安營

孫濂正黃旗人　王輝武功人

亢永瑞鑲黃旗人　王繼禹清苑人

董劉欽會理人　郝琮臨邑人

孫應龍巴縣人　李現祥寧朔人

羅振桂林人　李兆南海人

廣　明正白旗人　阿思泰鑲藍旗人

法　保正黃旗人　哈　福正白旗人

阿思泰再任　寶　璸平定州人

銅山營

任文龍永嘉人　高　地晉江人

施大英　聶吳昭高州人

吳英漢東莞人　裴　鏡湖廣人

藍國機漳浦人　陳應鐘長汀人

温泰東莞人　徐國英

趙一琴　陳國泰

邵武城守營

傅　桓鑲黃旗人　永　興鑲黃旗人

王慶錫貴筑人　鄒世權大興人

張　鎡靈州人

烽火營

蔡　燊平和人　林榮茂南靖人

林　洛晉江人　蔡　功海澄人

邱有章晉江人　張　勇惠安人

王養福海澄人　藍國庭福清人

黃　良龍溪人　吳英漢東莞人

林　竿同安人　田允中任邱人

陳　壎同安人　詹嘉錫海澄人

朱　玉福建人

臺灣城守營

張永龍榆林人　岳廷瑞番禺人

王繼禹清苑人　孫士彪張掖人

吳成玉寧夏人　馬龍圖潮陽人

朱光正瑞安人　羅　振臨桂人

竇　璸平定州人

臺灣南路營

索渾鑲白旗人
游擊
將軍標右營
亢永瑞鑲黃旗人　李韫大同人
八寧阿正藍旗人
撫標右營
郝繼文直隸人　六十五鑲黃旗人
林興耀晉江人　胡重璧寧夏人
雷霆無極人
提標左營

呂九如山東人　劉源泗鑲紅旗人

高志唐邑人　哈　福正白旗人

希　長正白旗人　任承恩大同人

提標右營

羅　鈺天鎮人　郝　琮山東人

朱光正瑞安人　楊春華湖南人

富爾泰正黃旗人　福　興正黃旗人

何璦詔廣東人　成　器正黃旗人

提標前營

潘躍龍宣化人　徐大成通州人

蔡　元漳州人　竇　寧平定州人

王　琯成都人　溫有哲太原人

徐進良原州人　王　治順天人

提標後營

孫　濂奉天人　李成邦亳州人

茅　魁安慶人　解　遜朔平人

陳　瑢金華人　竇　璸平定州人

翁　達曲靖人　忠　常正紅旗人

水師提標左營

劉　使同安人　林　洛晉江人

鄭李信閩縣人　聶吳昭高州人

林貴晉江人　林竿同安人

陳應鐘長汀人　洪福晉江人

陳隆同安人　陳國泰泉州人

水師提標右營

楊瑞海陽人　柳圓蓬萊人

高英同安人　姚德龍溪人

鄭連晉江人　楊吳德晉江人

蘇洪建同安人　鄭李嘉揭陽人

藍國機漳浦人　林竿同安人

許朝耀同安人　羅廷柱揭陽人
吳　勇福建人

水師提標前營

高　省同安人　沈廷耀晉江人
林　竿同安人　林　洛晉江人
陳　壎同安人　蔡　忠海澄人
鄺　緯新會人　楊　天同安人
施　恩福清人　許朝耀同安人
洪廷恩晉江人　林　聖晉江人
林呂韶詔安人　李長明浦城人

水師提標後營

張　吉同安人　邱有章晉江人

歐陽捷龍溪人　謝王福晉江人

施　恩福清人　吳志忠同安人

陳應鐘長汀人　張　濤鄞縣人

金蟾桂休寧人

閩安協鎮左營

洪繼龍晉江人　林　茂廣東人

黃　良龍溪人　張　勇惠安人

馬國棟同安人　黃　良再任

王陳榮同安人

閩安協鎮右營

許　瑜諸羅人　　高　英同安人

梁國助同安人　　文際高廣東人

高　地晉安人　　歐陽敏漳浦人

林　竿同安人

海壇鎮標左營

林如錦饒平人　　張　吉惠安人

官　玉黃巖人　　鄭李信閩縣人

歐陽徒福建人　　馬國棟

林中岳　許光祿

李耀先　陳隆同安人

海壇鎮標右營

林榮茂　王養

蔡功詔安人　鄭李嘉閩縣人

高省同安人　蔡習同安人

林金勇廣東人　聶吳昭高州人

林國彩　林士雄

魏文偉　林海蟾①福建人

連江營

校注：①蟾

李天培大同人　史譽安定人

吳朝建南城人　李正芳衢州人

勝保正紅旗人　許立榮晉江人

羅源營

孫國相上元人　傅德鑲黄旗人

紀璞榆林人　顧鉉上元人

李雲標灣州人　劉緒壽張人

希長正白旗人　黄振漳浦人

任麟元城人

興化協鎮左營

柴廷選　陳廷桂

張　祿　劉漢傑

陳邦偉　李正芳衢州人乾隆十八年任以後改都司

興化協鎮右營

方偉男　吳成玉

馬龍圖　張　盛

徐進良乾隆十四年任以後改都司

金門鎮左營

蔡　功海澄人　陳林每莆田人

吳　昭同安人　施鳳來晉江人

梁國助同安人　藍國庭同安人

許光祿莆田人　朱廷謨漳浦人

顏鳴皋嘉應州人

金門鎮右營

高地晉江人　施必功晉江人

劉使同安人　施鳳來晉江人

薛存忠莆田人　王養海澄人

陳壎同安人　陳吳燦閩縣人

莫鄭緯番禺人　許光祿莆田人

尤用羅源人

漳州鎮標中營
陳訓　王守乾
黃正綱　黃成緒
紀璞　李如筠
陳璐　劉緒　壽張人
漳州鎮標左營
劉福材　李文成
周廷鳳　五訥
成器　正黃旗人　葉元聰　興寧人
漳州鎮標右營

劉　暎華陰人

陳李得義烏人

六十五鑲黃旗人

滿　丕正黃旗人

陳大綬南鄭人

温有哲太谷人

戴廷棟威寧人

戴　纘內江人

漳州城守營

王繼禹直隸人

竇繼武昆明人

宗士俊薊州人

袁應虎上元人

李雲標灤州人乾隆十五年任以後改爲都司

雲霄營

范　榮大同人

陳賢生象山人

李　兆南海人　孫國柏上元人

時　泰正紅旗人　竇　瓊平定州人

顧廷機鑲黃旗人

平和營

書　林鑲黃旗人

詔安營

雷澤遠江夏人　閻上達閩縣人

黃戚緒歷城人　王天祿普定人

李如筠咸寧人　唐紹堯江陵人

李之芟江陵人　章奏功蘭谿人

鄧文鼎竹山人

南澳鎮標左營

王作興詔安人　施大英晉江人

歐陽敏漳浦人　余星武永定人

莊施澤晉江人　裴　鏡武陵人

魏文偉同安人　楊　添同安人

延平協鎮左營

孔毓淍①鳳臺人　田希成西寧人

馬世勳安南人乾隆十二年任以後改爲都司

延平協鎮右營

校注：①潤

任蓋 平定州人

徐國英 興安人乾隆十三年任以後改爲都司

建寧鎮標中營

杜茂 成都人　劉啓宗 咸陽人

王持衡 正白旗人　張栢 丹徒人

劉彪 武功人　白世儻 高唐州人

建寧鎮標左營

薛成名 凉州人　李現祥 寧朔人

袁應虎 上元人　李之崑 潛州人

王日敏 大巨人　拴保任 正紅旗人

黃元秀興安人　白世儁高唐州人

建寧鎮標右營

孟勇寧夏人　金相鄞縣人

殷王賓咸陽人　苟思賢灌縣人

李正芳衢州人　袁應熊上元人

鄭宁河間人　趙文光黔西州人

汀州鎮標中營

孫士彪甘州人　董劉欽會理州人

殷瑞東莞人　曹康鍾武清人

温達勇南海人　宋應舉石阡人

福隆阿鑲紅旗人

汀州鎮標左營

姜光祖建德人　羅振臨桂人

顧鉉上元人　伍士功江夏人

鄧朝柱長沙人　曹萬卷沅州人

汀州鎮標右營

李三奇清苑人　馬遇隆獻州人

羅佳雄揭陽人　李錦江夏人

陳文現長安人　戴廷棟咸寧人

馬騂東平州人

福寧鎮標中營

孫　吳江南人　林夢熊海陽人

廖國選詔安人　盧仁勇海陽人

蕭錫勳歸善人　清　祿鑲藍旗人

福　保鑲紅旗人　納　遜鑲黃旗人

那爾吉正紅旗人

福寧鎮標左營

許方度漳州人　李　兆南海人

黄世桓詔安人　羅應麟閩縣人

曾煥章　郭士進龍溪人

宋澤鑲黃旗人　顧麟兖平人

福寧鎮標右營

張良臣江夏人　沈士瑚浙江人

蔡明倫江夏人　蕭錫勲

畢洪都歙縣人　孫應龍巴縣人

潘從龍南安人　龍廷詔成都人

薩克慎鑲黃旗人　那爾吉正紅旗人

福與正黃旗人

桐山營

楊鈴永嘉人　王開花縣人

龍廷詔成都人　唐紹堯江陵人

楊朋武陵人　盧日盛順德人

李廷彪宣化人　趙宗潤正紅旗人

陳玉書平遠州人

臺灣鎮標中營

李貴任邱人　范榮大同人

許力度漳州人　羅世正寧夏人

茅魁桐城人　林得拱同安人

殷王賓咸陽人　王琯六安州人

温有哲太原人　陳大綬南鄭人

黃元秀興安人　趙文光貴州人

臺灣鎮標左營

王　臣泉州人　岳廷瑞番禺人

董文宗台州人　石良臣武昌人

林夔熊海陽人　金　相寧夏人

張　盛武進人　張見龍臨桂人

龍廷詔成都人　温逵勇南海人

薩克愼鑲黃旗人　趙宗潤正紅旗人

臺灣鎮標右營

王世祿興山人　孫　濂正黃旗人

李成邦臺州人　蔡　元漳州人

黄世桓漳州人　薛成文浙江人

羅佳雄揭陽人　黄承緒歷城人

滿　丕正黄旗人　時　泰正紅旗人

福　保鑲紅旗人　何瓊詔順德人

臺灣水師協鎮中營

施大英晉江人　王作興臺灣人

施必功晉江人　林　洛晉江人

林　竿同安人　林　貴晉江人

陳　壎同安人

臺灣水師協鎮左營

陳林每莆田人　　蔡　功海澄人

王　養海澄人　　姚　德龍溪人

陳吳燦詔安人　　林金勇揭陽人

蔡　習同安人　　朱廷模福建人

臺灣水師協鎮右營

高　地同安人　　文際高瓊山人

梁國助同安人　　歐陽敏同安人

①存忠莆田人　　黃　良龍溪人

馬國棟同安人　　李耀先同安人

校注：①薛

澎湖水師協鎮左營

柳　圍蓬萊人　　楊　瑞廣東人

高　省安溪人　　鄭李嘉揭陽人

陳洪建同安人　　鄺　緯新會人

林　雲屏南人

澎湖水師協鎮右營

耶①有章晉江人　　張　吉惠安人

林如錦饒平人　　吳　昭高州人

鄭李信閩縣人　　官　玉黃巖人

戴　福仁和人

校注：①邱

龍巖營

楊豹 晉江人

常繼春 正藍旗人

薛成文 平陽人

徐世棟 鑲紅旗人

張現龍 桂林人

李翰友 府平人

富森布 鑲黃旗人

福勒和 正白旗人

福建續志卷二十六終